Ullstein Sachbuch

ÜBER DAS BUCH:

Das schon oft totgesagte Genre des Heftromans lebt trotz des Taschenbuchbooms weiter, Serien wie *Jerry Cotton* oder *Perry Rhodan* verzeichnen ungeheure Erfolge. Was ist die Ursache für die anhaltende Popularität der trivialen Unterhaltungsliteratur? Warum war der Heftroman trotz Anfeindung und Verfolgung nicht umzubringen? Auf diese Fragen versucht das Buch eine Antwort zu geben. Auf dem Gebiet der Comic strips hat inzwischen eine Aufbereitung der Comic-Historie stattgefunden, auf dem Sektor des Heftromans stand eine Geschichte dieser Unterhaltungsform noch aus. Heftromane erscheinen im deutschen Sprachraum seit etwa 1880, dieses Buch stellt zum ersten Mal die hundertjährige Entwicklung des Massenmediums im Zusammenhang dar – von den Anfängen in den Volksbüchereien über die Riesenhefte der Kaiserzeit, die Kriegsserien des 1. Weltkriegs, die neuen Helden der Weimarer Republik, die NS-Serien des Tausendjährigen Reichs bis hin zu den umfangreichen Serien nach 1945 in Österreich, der Bundesrepublik und der DDR.

DER AUTOR:

Heinz J. Galle, geboren am 11.10.1936 in Berlin. Beschäftigt sich 1955 mit den Genre des Heftromans. Verfasser zahlreicher Artikel und Darstellungen zum Thema. Veröffenntlichte u. a. 1983 in der Edition Corsar, Braunschweig, das Buch *Sun Koh, der Erbe von Atlantis*. Science Fiction-Stories von ihm erschienen in diversen SF-Magazinen und in den Antologien des Goldmann Verlags *Beteigeuze* (1981), *Canopus* (1981) und *Deneb* (1982). Im Juni 1985 strahlte der Sender Freies Berlin seine Erzählung *Von Alpha bis Omega* aus. Im Rahmen der Fernsehsendung *Gesucht – gefunden* stellte der Autor 1984 seine Heftroman-Sammlung vor. Weitere Artikel und Texte von ihm erschienen in *Perry-Rhodan-Magazin, Reclams Science Fiction Führer, Solaris,* dem schwedischen *Jules-Verne-Magazin,* in diversen Auktionskatalogen und im *Playboy*.

Heinz J. Galle

Groschenhefte

Die Geschichte der deutschen Trivialliteratur

populäre Kultur

Populäre Kultur
Ullstein Buch Nr. 36556
im Verlag Ullstein GmbH,
Frankfurt/M – Berlin

Originalausgabe

Umschlagentwurf:
Hansbernd Lindemann
Titelillustration:
Archiv Heinz J. Galle

Printed in Germany 1988
Gesamtherstellung:
Ebner Ulm
ISBN 3 548 36556 6

August 1988

CIP-Titelaufnahme
der Deutschen Bibliothek

Galle, Heinz Jürgen:
Groschenhefte: d. Geschichte d. dt.
Trivialliteratur / Heinz J. Galle. –
Orig.-Ausg. – Frankfurt/M; Berlin:
Ullstein, 1988
(Ullstein-Buch; Nr. 36556: Populäre
Kultur)
ISBN 3-548-36556-6
NE: GT

Inhalt

Alte Liebe rostet nicht

Ein notwendiges Vorwort

Was konnte ein Jugendlicher in einem niedersächsischen Dorf des Jahres 1945 alles unternehmen, was bot sich ihm an Unterhaltung an?

Nun, außer der Tageszeitung und dem Radio erreichte ihn kein anderes Medium. Er konnte zwar auf dem Feld Kartoffelkäfer sammeln, Rüben roden oder bei der Heuernte mithelfen, aber ob das nun zu den erstrebenswerten Zerstreuungen gehörte, wage ich zu bezweifeln.

Ich war damals so ein Jugendlicher in kurzen Hosen, den ganzen Sommer über lief ich barfuß, man bekam davon solch eine Hornhaut auf den Fußsohlen, daß man sogar über Stoppelfelder laufen konnte. Im Winter saßen wir abends vor dem Radio und lauschten gebannt der Stimme René Deltgens, der der Kriminalhörspielreihe Simon Templer das nötige Flair gab.

In dem Dorf, wohin uns der Krieg von Berlin aus verschlagen hatte, gab es noch nicht einmal ein Geschäft, in dem man Schreibwaren kaufen konnte, von einem Zeitschriftenladen ganz zu schweigen. Aber zwei Dörfer weiter machte an der Bahnstation 1949 ein Kiosk auf, es war eine kleine Bretterbude, die mit Zeitschriften behangen war, und ganz unaufdringlich dazwischen die Sensation für uns – Heftromane!

Diese Hefte verwandelten den Kiosk für uns zum Tor ins Paradies, zum Eingang ins Reich der Abenteuer.

Die Söhne der Großbauern besaßen ein Fahrrad, wir, die Evakuierten, die ungeliebten Ausgebombten, natürlich nichts, aber was waren schon acht Kilometer Fußmarsch, die trabten wir mit steigender Spannung herunter, es sollte dort tolle Schmöker geben, sie wären »toff«, hatte uns ein Klassenkamerad erzählt, toff war damals unser Standardausdruck für alles, was ungewöhnlich war.

Und dann war es endlich soweit, wir bogen um die Ecke, und dort sahen wir ihn – den Kiosk mit den bunten Zeitschriften, und ganz versteckt zwischen *Kristall*, *Revue* und *Quick* – die ersten Hefte der Nachkriegszeit! Mit Wäscheklammern an einer Schnur befestigt hingen dort *Rah Norton der Eroberer des Weltalls, Sun Koh der Erbe von Atlantis, Frank Kenney, Rolf Torring, Robert Perkins* und wie sie alle hießen. Es waren oft ganz unscheinbare Hefte, sie hatten noch nichts von jener gelackten Perfektion heutiger Produktionen. Die Zeichnungen auf den Titelbildern waren ungelenk, für den Umschlag hatte mancher Verlag altes Papier verwandt, denn Papier war knapp. Es konnte passieren, daß man auf der Innenseite des Covers einen Stadtplan von Berlin vorfand oder Wanderwege im Hunsrück erblickte. Aber was machte das schon aus, die Hefte waren für uns, die wir förmlich ausgehungert nach derartiger Lektüre waren, das große Erlebnis, die Erfüllung aller Sehnsüchte, der Weg in ferne Tropenzonen, gepflastert mit wilden Abenteuern. Wir stürzten uns wie die Verrückten auf diese dünnen Hefte. Ich sehe das Bild noch heute vor mir, wie ich fünfzig Pfennig auf den primitiven Tresen legte, das Geld hatte ich mir durch Zeitungsaustragen verdient, und dann gehörte es mir, das erste Heft der Serie *Sun Koh* mit dem Titel »Ein Mann fällt vom Himmel«!

Vorsichtig wurde es unter das Hemd geschoben, und dann ging es die acht Kilometer wieder zurück, diesmal noch schneller als vorher. Zuhause angekommen, kletterte ich auf den Heuboden und ward für Stunden nicht mehr gesehen. Ich lag auf dem Bauch in der Scheune eines niedersächsischen Dorfes, mit den Gedanken war ich in London, erlebte mit, wie der Held vom Himmel schwebte und die englische Metropole in Atem hielt.

In der Haferkiste, gut verpackt, verschwand dann der Schatz, um vierzehn Tage lang, bis zum Erscheinen der nächsten Nummer, immer wieder gelesen zu werden.

Versteckt werden mußten die Hefte, denn schon zu dieser Zeit begann die Jagd auf die so verderbliche Schundliteratur. In der Schule gab es Tornister-Razzien, die Beutestücke wurden auf dem Schulhof von unserem Deutschlehrer mit wahrer Wonne in Rauch aufgelöst.

Mit den Jahren erschienen immer mehr Serien, die Titelbilder wurden bunter, die Verlockung größer. Aber man mußte sich für eine Reihe entscheiden, für zwei Serien hatte man nicht genügend Kapital. Das störte aber nicht, denn unter den Klassenkameraden fand nun ein schwungvoller Tauschhandel statt – gibst du mir deinen Buffalo Bill, gebe ich dir meinen Billy Jenkins.

Die Jahre vergingen, ich zog um, kam in die Lehre, die Großstadt nahm mich auf, andere Interessen rückten in den Vordergrund, und auf einmal waren die Hefte der Jugendzeit vergessen, sie, die einst so herrliche Fluchtmöglichkeiten aus der Enge des dörflichen Gemeinwesens geboten hatten – wenn auch nur in Gedanken; sie verschwanden aus dem Gesichtsfeld, scheinbar auch aus der Erinnerung.

Und dann eines Tages, viele Jahre später, sah ich in Köln zwischen einigen Mülltonnen ein von dicken Schnüren umspanntes Zeitungspaket liegen und obenauf – ein gelber Umschlag, der mir merkwürdig bekannt vorkam!

Ich sah mich verstohlen um, niemand in der Nähe, dann bückte ich mich und nahm den Umschlag hoch, drehte ihn um – es war wie ein Wunder, plötzlich waren sie wieder da, die Jugenderinnerungen, ganz plastisch standen sie vor mir, ich glaubte sogar den Duft des Heubodens wieder in der Nase zu haben! *Sun Koh der Erbe von Atlantis* stand in großen Lettern auf dem gelben Umschlag und darunter – Band 4. »Die mordende Quelle«. Mensch, das war diese Sache mit der alten Quelle, die plötzlich Gift verbreitete – ja es war alles wieder da. Ich nahm das Beutestück an mich und las es erneut, las es nach zwanzig Jahren wieder.

Von diesem Tag an begann ich nach weiteren alten Heften Ausschau zu halten, ich fragte Bekannte, setzte Annoncen in Zeitungen, stöberte auf Flohmärkten herum, und nach und nach begann mein Bestand zu wachsen. Sie kamen alle wieder, der Weltenbummler Rolf Torring, der Supermann Frank Kenney, der Ponyreiter Buffalo Bill usw. usw. Und mit jedem Stück vervollständigte sich das verklärte Bild der glücklichen, unbeschwerten Jugendzeit.

Ja, und so wurde ich ein Sammler von Groschenheften! Die Sammler dieser alten Hefte zucken bei dem Wort Groschenheft immer zusammen, sie hören lieber, daß man Romanheft oder Heftroman sagt. Nun, ich habe da keine Berührungsängste.

Romanheft klingt, so finde ich, ein bißchen gestelzt, aber wie soll man das Kind nennen? Die Verleger sprechen von Romanreihen, wir Jungen sagten damals einfach Schmöker dazu oder nannten den Titel der betreffenden Serie. Das Establishment des Dorfes, die Lehrerschaft und der Pfarrer, der den Religionsunterricht erteilte, bezeichnete unseren geliebten Lesestoff mit so abwertenden Begriffen wie Schundroman oder Schmutzlektüre.

Die heutigen Verteidiger dieses Genres benutzen gern den übergreifenden Ausdruck Volksliteratur dafür, ein gar nicht so schlechter Begriff, denn vom Volk wurde diese Literatur wirklich zu allen Zeiten gelesen.

Was unterscheidet den Kellner vom eleganten Gast im Frack? Nun

– es ist lediglich die Fliege, die weiße Frackfliege, die aus einem Kellner einen Herren der besten Gesellschaft macht und umgekehrt.

Was hat das alles mit unserem Thema zu tun, werden Sie sich fragen?

Es gibt da Parallelen, wenn z. B. E. A. Poes Geschichte vom Doppelmord in der Rue Morgue in einer Anthologie des Diogenes Verlages erscheint, dann ist das Literatur. Wenn aber die gleiche Geschichte im Rahmen einer Heftserie herauskommt, dann zählt die Story plötzlich zum Genre der Schundliteratur. Diese schizophrene Teilung ist nur im deutschen Sprachraum üblich, man denke nur daran, daß die Amerikaner sogar ihre Comic-Hefte als Books bezeichnen.

Auf die Lektüre des Volkes entlud sich stets die ganze Verachtung der Germanisten und Literaturkritiker, dabei war es doch gerade die Volksliteratur, die die Ideale der Menschheit hochhielt, die stets das Gute siegen ließ und das Böse der gerechten Strafe zuführte.

Der englische Schriftsteller K. G. Chesterton (von ihm stammen die herrlichen Pater Brown-Romane) sagte einmal zu diesem Thema: »Es gibt verschiedene Arten der Literatur und verschiedene Arten der Kriminalliteratur. Ich persönlich konnte nie einsehen, warum die psychologische Darstellung eines scharfsinnigen Verbrechens weniger wertvoll sein sollte als die eines verliebten Idioten.«

Die herablassende Einstellung der Literaturkritik der Volksliteratur gegenüber führte in Deutschland dazu, daß das Studium der Unterhaltungsliteratur in den anglo-amerikanischen Ländern viel weiter vorangetrieben wurde als bei uns. Erst in den letzten Jahren fing man verstärkt an, sich auch hier mit der Trivialliteratur zu befassen. Es erschienen Sachbücher über Wildwestromane, Science Fiction-Literatur, Comic strips usw. Lediglich der Heftroman erfuhr bis dato noch keine Würdigung. Inzwischen sind auch die Groschenromane ein wenig ins Blickfeld geraten, was für die Sammler leider zur Folge hat, daß die Preise steigen.

Das Aha-Erlebnis, wenn man wieder einmal ein Heft aus der Jugendzeit in den Händen hält, muß inzwischen teuer bezahlt werden. Zu Beginn der Flohmarktwelle in den sechziger Jahren konnte man Groschenhefte dort tatsächlich noch für ein paar Groschen bekommen. Heute werden von professionellen Händlern für Vorkriegshefte und frühe Nachkriegshefte Preise zwischen zehn und 100 DM verlangt, für Raritäten 400 DM und mehr. Für ein Rolf Torring-Exemplar aus den fünfziger Jahren wurden auf einer Auktion bereits 1000 DM bezahlt.

Die Begeisterung, mit der man einst als Knabe diese Schmöker las, stellt sich beim Erwachsenen leider nicht mehr ein. Mit dem Ende der Jugendzeit geht der Enthusiasmus für naive Helden verloren. Man kann lediglich versuchen, mit dem Erwerb dieser liebgewordenen Erinnerungsstücke die Jugendzeit quasi Stück für Stück zurückzukaufen!

Erich Kästner hat dazu einmal etwas sehr Treffendes gesagt: »Nur wer erwachsen wird und im Herzen ein Kind bleibt, ist ein Mensch!«

Ob sich für die jugendlichen Leser unserer Tage jene Faszination überhaupt noch einstellt, ist fraglich, unser Zeitalter bietet eine Flut von Unterhaltungsmöglichkeiten; heute dominiert die Musik, und das Lesen bekam einen geringeren Stellenwert. Sieht man sich allerdings die Verkaufserfolge der Perry Rhodan-Serie an, dann scheint der Heftroman immer noch über eine gewisse Anziehungskraft zu verfügen.

Das vorliegende Buch soll die Glanzzeiten dieses Genres Revue passieren lassen und generell ein wenig Appetit auf diese Form der Unterhaltungsliteratur machen.

Folgen Sie mir also auf den Spuren des Abenteuers durch sechs Jahrzehnte. Wir beginnen in den sogenannten Gründerjahren um die Jahrhundertwende, denn zu dieser Zeit kam es zum ersten Boom in Sachen Heftromane. Der 1. Weltkrieg und seine chauvinistischen Töne folgen, Sie lernen die furchtbar gefährlichen Sittenromane jener Tage kennen, nehmen Teil an der Jagd auf die verderbliche Schundliteratur und lernen schließlich das Gegenmittel kennen – die gute Jugendliteratur.

Die Weimarer Republik mit neuen Helden folgt, dann tritt das Tausendjährige Reich in unser Blickfeld, dessen Gesetzgebung wie ein Fallbeil den Strom der Heftserien zum Versiegen brachte.

Zum Schluß dann ein Rundgang durch die fünfziger Jahre unserer Bundesrepublik mit all ihren Neuerscheinungen und Verlagsgründungen und ein Blick über den Zaun nach Österreich und in die Deutsche Demokratische Republik, um zu sehen, wie dort die Entwicklung des Stiefkindes der Literatur verlief.

Die Kaiserzeit

Eine Idee kommt aus Amerika

Groschenhefte im Großformat

Nach dem Zusammenbruch im Jahre 1945 war in Deutschland alles, was aus den Staaten kam, das Nonplusultra. Der Einfluß Amerikas auf die Unterhaltungsindustrie in Deutschland ist jedoch schon um die Jahrhundertwende nachweisbar. Die Einführung von Groschenheften mit gleichbleibendem Serienhelden, die ab 1905 erschienen, verdanken wir der Innovationsfreude amerikanischer Verleger. Seit Mitte des 19. Jahrhunderts erschienen dort die sogenannten Dime Novels, Heftromane, die man für ein Dime – ein Zehncentstück – bekam.

Es waren für gewöhnlich große Hefte, deren Format etwa unserem heutigen Nachrichtenmagazin *Der Spiegel* entsprachen. Die Menschen im Osten der Vereinigten Staaten schöpften damals ihr Bild vom Wilden Westen praktisch aus den Dime Novels. Die Erschließung des Westens mit den Indianerkämpfen, den Bandenkriegen nach der Auseinandersetzung zwischen Nord- und Südstaaten, dem rauhen Leben der Frontiers – all dies bot den Autoren Stoff in Hülle und Fülle. Die Dime Novels überschwemmten wie eine Springflut das Land und waren überall erhältlich; während des Sezessionskrieges trugen sowohl die Yankees als auch die Konföderierten diese bunten Hefte in ihren Tornistern.

Im Zusammenhang mit diesen Dime Novels muß ein Mann besonders hervorgehoben werden, denn er wurde durch diese Groschenhefte unsterblich – William Cody alias Buffalo Bill.

Als der Westen erobert wurde – wie es immer so schön heißt –, verlegten Tausende von Arbeitern endlose Schienenstränge durch die Prärie. Diese Menschen mußten verpflegt werden, die Prärie war voller Büffel, also gab es Büffelfleisch.

Als Jäger engagierten die Eisenbahngesellschaften gute Schützen, die an die Büffelherde heranritten und ein Tier nach dem anderen abknallten. William Cody war einer von ihnen, bei einem Wettstreit um den Titel des besten Büffeljägers metzelte er einmal an einem Tag 69 Tiere nieder, insgesamt hat er nach eigenen Angaben für die Eisenbahn über 4000 Bisons geschossen. Ein gewisser Mr. Judson, der sich selbst zum Colonel befördert hatte, kam in den sechziger Jahren zu einer Baustelle der Pazifikbahn und wurde mit dem jungen Mann bekannt.

Unter dem Pseudonym Ned Buntline schrieb Judson die ersten Stories über Cody, und Buntline war es auch, der den einprägsamen Spitznamen Buffalo Bill für Cody prägte.

Buntline zog später mit einer Wild-West-Show im Osten der USA herum, Mittelpunkt dieser Show waren die in Fantasiekostümen auftretenden Westmänner Buffalo Bill, Texas Jack, Wild Bill und Big Thunder, ein Komantschenhäuptling.

Buntline war selbst eine Figur, die Stoff für ein Groschenheft abgegeben hätte. Er erschoß den Ehemann seiner Geliebten, wurde vom Freund des Getöteten angeschossen und entkam, indem er aus dem Fenster im zweiten Stock sprang. Er wurde später festgenommen und hatte schon den Strick um den Hals, als überraschend seine Freilassung angeordnet wurde.

Der große Erfolg bei den Buffalo Bill-Dime Novels stellte sich jedoch erst ein, als Colonel Ingraham die Reihe übernahm. Er verfaßte für diesen Longseller der Groschenhefte an die tausend Manuskripte. Buffalo Bill-Geschichten waren in den USA in dieser Heftform bis 1919 im Handel; Mr. Cody, der 1917 im Alter von einundsiebzig Jahren starb, wurde damit ein Denkmal gesetzt.

Der zweite Umsatzmillionär in Sachen Dime Novels hieß Nick Carter, er war und ist wohl der langlebigste Detektiv der Welt. Sein Debüt gab er 1886 in der Reihe *The Old Detektives Pupil.* Seine Meriten verdiente er sich jedoch in der Serie *New York Weekly.* J. R. Corywell schrieb 1897 die ersten drei Manuskripte, er erfand quasi diesen Helden. Aber es war Fr. v. Rensselaer-Dey, der Nick Carter berühmt machte. Auch er schrieb, wie Colonel Ingraham über Buffalo Bill, ungefähr tausend Nick Carter-Hefte. Der Verlag (Streeth and Smith, New York) verkaufte im Laufe der Zeit vier Millionen Exemplare, Nick Carter wurde zu einem Begriff in den USA.

In den dreißiger Jahren erlebte der Held ein Comeback in den Pulps, später war Nick Carter im Radio, auf der Leinwand und im Fernsehen präsent.

In der Glanzzeit der Dime Novels, zwischen 1860–1910, hatten diese Hefte in den Staaten für das Unterhaltungsbedürfnis der Bevölkerung die gleiche Bedeutung wie heute das Fernsehen.

Das Ende der Dime Novels kam mit dem Aufstieg eines neuen Unterhaltungsmediums – dem Kino!

Die jugendlichen Konsumenten mußten sich entscheiden, wofür sie Dollars ausgaben, und sie entschieden sich für den Film. Das Aufkommen einer neuen, noch spektakuläreren Publikationsform der Pulps (Kriminal- und Abenteuermagazine) gab den Dime Novels endgültig den Todesstoß.

Einst hatte es sie zu Tausenden gegeben, heutzutage sind diese alten Hefte in den USA so selten geworden, daß betuchte Sammler für spezielle Ausgaben schon 1000 Dollar und mehr gezahlt haben. Doch kehren wir zurück in die Zeit, in der in Amerika der Handel mit Buffalo Bill, Nick Carter und Co. noch florierte. In diesen Jahren arbeitete in Amerika ein deutscher Verlagskaufmann namens Alwin Eichler. Als er 1903 nach Deutschland zurückkehrte, brachte er die Urheberrechte für Bufallo Bill, Nick Carter und der Wild-West-Bibliothek mit. Er machte sich in Dresden selbständig und begann mit der Herausgabe dieser Dime Novels in deutscher Sprache. Mit Buffalo Bill konnte er dabei gar nichts falsch machen, denn der Held des Wilden Westens war mittlerweile auch in Deutschland zu einem Begriff geworden.

Mit seiner Wildwest-Show war Buffalo Bill bereits 1889 in Deutschland zu Gast gewesen, zwei Jahre später kehrte er mit einer wahren Armee von Mitwirkenden, darunter 100 Siouxindianern, nach Europa zurück und reiste zwei Jahre lang auf dem Alten Kontinent herum. In Deutschland trat er in fast allen Großstädten auf, und selbst Kaiser Wilhelm II. tat ihm die Ehre an und besuchte seine Show. Diese Tournee machte den Namen Buffalo Bill in Deutschland endgültig bekannt, alle Zeitungen schrieben über ihn, die Witzblätter befaßten sich mit ihm – kurzum, er war in aller Munde. Der Boden war also für ihn vorbereitet, Buffalo Bill konnte im Heftmilieu loslegen!

Im Juni des Jahres 1905 teilte der Eichler Verlag seinen Lesern mit: »Es ist uns gelungen, unter schweren Opfern als einzig Berechtigter die Erlaubnis zur Übersetzung und Verbreitung der Buffalo Bill-Erzählungen in Deutschland und Österreich zu erwerben.« Immerhin mußte der Verleger pro Manuskript 2000 Mark für die Urheberrechte bezahlen. In dem Preis war allerdings auch das Abdruckrecht für das jeweilige Originaltitelbild mit inbegriffen.

Einer der ersten Serienhelden
in Deutschland – *Buffalo Bill*

In den USA wurde der eigentliche Titel des Abenteuers in das Bild integriert, der Eichler Verlag setzte die deutsche Titelübersetzung einfach darüber. So kam es, daß jahrelang im deutschen Kaiserreich Groschenhefte mit englischen Titeln erschienen.

So sah man z. B. den Westmann von Indianern umringt, und dazu stand im oberen Teil des Bildes »Buffalo Bill's avenging hand or Lariot Larry's last trow«. Im Logo, dem Kopfteil des Heftes, las man dann ziemlich klein und unscheinbar »Lariot Larry, der Lassowerfer«.

Aber das störte die Käufer nicht, die neuen Hefte schlugen wie eine Bombe ein. Sie waren zwar mit 20 Pf doppelt so teuer wie die Bändchen der sogenannten Jugend- und Volksbibliotheken, die bis dahin das Feld beherrscht hatten, dafür boten sie aber auch viel mehr. Sie waren nicht so stereotyp geschrieben wie die Fließbandfabrikate der Volksbibliotheken, die Handlung war bedeutend spektakulärer, die Titel reißerischer, und die Cover erwiesen sich als zusätzlicher Anziehungspunkt für die jugendlichen Interessenten. Dazu kam als Novum der Serienheld, jener stets wiederkehrende Heroe, der zur vertrauten Person für den Leser wird, mit dem er sich identifizieren kann, den er nachahmt und bewundert. Derartig monographische Reihen hatte es vorher in Deutschland nicht gegeben, sieht man einmal von den Lieferungsheften der Kolportageromane ab.

Buffalo Bill läutete jedenfalls in Deutschland eine ganze neue Form der Massenliteratur ein.

Der Westen Amerikas mit seiner Indianerromantik war damals in Deutschland ungeheuer populär. J. F. Coopers Lederstrumpfgeschichten hatten schon viele Jahre vorher den Boden für Buffalo Bill vorbereitet. Mit der Groschenheftserie lag der Eichler Verlag also voll im Trend. Heftreihen, die vorgaben, Erlebnisse authentischer Personen zu erzählen, haben stets das besondere Interesse der Leser gefunden. Die Kolportageliteratur des 19. Jahrhunderts hatte dies weidlich ausgenutzt, die Verleger der kleinen Bändchen (»Jugend- und Volksbibliothek, Volksbücherei usw.) aber hatten dies Erfolgsrezept nicht beachtet. Da mußte erst ein Verlagskaufmann diese Idee in Amerika aufgreifen, um in Deutschland damit Furore zu machen.

Der Eichler Verlag verdiente mit diesen großformatigen Heften Unsummen, die wöchentliche Auflage lag zeitweilig bei 80 000 Exemplaren.

Der Dresdner Verlag begann nun überall in Europa Filialen zu gründen, und selbst in den USA wurde ein Verlagsableger gegründet. Alwin Eichler versorgte neben Deutschland gleichzeitig Frankreich, Italien und Belgien mit Buffalo Bill-Erzählungen in der jeweiligen Landessprache, dazu erschienen Lizenzausgaben in zehn weiteren Ländern. Doch schon nach ein paar Jahren brach alles wieder zusammen, der Verleger hatte sich mit den vielen Zweigstellen übernommen, die Anti-Schundhetze des Jahres 1911 ließ den Absatz stocken, das Glück hatte Alwin Eichler verlassen. Ein Jahr später vermeldeten die Zeitungen seinen Selbstmord.

Doch zurück zu den Zeiten des Erfolges. Die einzelnen Titel der Buffalo Bill-Reihe klingen für uns heute manchmal schon ein wenig kurios, damals entsprachen sie aber dem Zeitgeschmack. Da hieß es z. B. »Der Mephisto der Prärie«, »Die Rose der Immergrün-Ranch«, »Die Prärieblume« oder »Die Königin der Sioux« usw. Und natürlich entsprach auch der Stil dieser Erzählungen dem Geschmack jener Tage: »Sie sind mein Retter«, sagte die junge Dame, »doch ehe ich Ihnen meinen Dank abstatte, antworten Sie mir, habe ich recht verstanden, als ich die Banditen rufen hörte. Das ist Buffalo Bill? Sind Sie wirklich der große Kundschafter, der kühne Grenzjäger, der in den Vereinigten Staaten soviel bewunderte Held – habe ich wirklich die Freude, Buffalo Bill von Angesicht zu Angesicht zu sehen?«

»Ich bin ebenso sicher Buffalo Bill«, versetzte der Reiter, »wie Sie, mein Fräulein, das mutigste Mädchen sind, das jemals seine zierlichen Füße auf den jungfräulichen Boden von Wyoming gesetzt hat.«

Mit diesem Text könnte man heute auf der Bühne wahre Lachorgien hervorrufen.

Aber die schon erwähnten nostalgischen Titelbilder sind eine wahre Augenweide, leider haben sich von diesen großen Heften nicht sehr viele Exemplare erhalten. Die geliebten Schmöker trug man früher stets mit sich herum und las bei jeder Gelegenheit, sie mußten also in die Jackentasche passen. Die großen Hefte wurden daher gefaltet und lösten sich im Laufe der Zeit schließlich ganz in Wohlgefallen auf. Kurz nach Ende des 1. Weltkrieges setzte ein weiterer Verlag noch einmal auf die Trumpfkarte Buffalo Bill – der Mignon Verlag in Dresden startete 1919 die Serie *Der neue Buffalo.*

Nachdem während des Krieges fast alle Heftreihen verboten

Auch noch nach Jahrzehnten unsterblich –
Buffalo Bill

worden waren, nannten die Verleger nach 1918 ihre Serien oft *Der neue Buffalo, Nick Carter, Excentric Club* usw.

Bei diesem neuen Buffalo handelte es sich um den Versuch eines cleveren Verlegers, mit dem Bekanntheitsgrad Buffalo Bills Geschäfte zu machen. Die Urheberrechte hatte der Mignon Verlag nämlich nicht erworben und vermied es daher, im Titel der Hefte von Buffalo Bill zu sprechen, es hieß da lediglich »Buffalos Befreiung«, »Buffalo der Held« oder »Buffalos Hochzeit«.

Zwischen 1919–1922 erschienen immerhin über einhundert Nummern dieses Pseudo-Buffalo Bill, die Leser hatten den alten Helden also nicht vergessen. Die Inflation machte der kleinformatigen Reihe jedoch dann den Garaus. Der Mignon Verlag konnte zum Schluß die Preise gar nicht mehr so schnell anheben, wie die Geldentwertung galoppierte.

Nach den beiden Versuchen, eine Renaissance des alten Büffeljägers herbeizuführen, wurde es erst einmal eine ganze Zeit still um ihn. Erst nach dem Ende des 2. Weltkrieges sollte er auf einmal wiederauftauchen.

Die Wildwest-Reihe kam damals gut an, die Texte waren spannend, aber nicht überspannt, der Stil modern, die Cover gegenüber den Serien der Mitbewerber akzeptabel gestaltet. So konnte der Volksbücherei Verlag in Goslar zwischen 1949–1951 fünfundsechzig Titel auf den Markt bringen. Heute werden diese Hefte von den dreißig- bis fünfzigjährigen Sammlern in der Bundesrepublik verzweifelt gesucht, für die ersten Hefte, die noch im Kleinformat der Vorkriegszeit erschienen, wird schon ab und zu ein Hundertmarkschein hingelegt. Das ist, geht man vom damaligen Originalpreis (40 Pf) aus, eine Preissteigerung um 25 000 %.

Etwas preiswerter war da schon die Faksimile-Ausgabe zu bekommen, die der Hildesheimer Olms Verlag 1971 herausgab. Zwanzig Hefte der alten Großformat-Hefte waren zu einem Buch zusammengefaßt worden und für knapp 20 DM in allen Buchhandlungen erhältlich.

Die Buffalo Bill-Reihe war damals natürlich nicht die einzige Serie, die im Wilden Westen spielte. Der Eichler Verlag hatte noch eine zweite einschlägige Reihe im Programm, für die er ebenfalls die Urheberrechte aus den USA übernommen hatte. Sie hieß »Wild West Bibliothek«, verglichen mit dem Erfolg der Buffalo Bill-Hefte allerdings lief diese Reihe überhaupt nicht gut und wurde bald wieder eingestellt. Daneben erschien noch in Berlin eine großformatige Wildwestserie, in

Ein amerikanischer Präsident
als angeblicher Autor von Groschenheften –
Roosevelts Rauh-Reiter

der das Leben des Banditen Jesse James verherrlicht wurde (*Jesse James – Amerikas gefürchtetster Brigant*).

Schließlich erschien auf dem deutschen Markt noch eine ganz besondere Publikation: Theodore Roosevelt war in jungen Jahren Cowboy und im Spanisch-amerikanischen Krieg (1885) auf Cuba Oberst einer Kavallerie-Einheit – der sogenannten Rough-Riders – gewesen. Roosevelt, von 1901–1909 amerikanischer Präsident, verfaßte einige Bücher über seine Erlebnisse. In Deutschland erschienen fast alle seine Werke (*Als Cowboy unter Cowboys, Jagdstreifzüge, Im Reich der Hinterwäldler, Die rauhen Reiter* usw.).

Über sein Leben als Cowboy in Dakota schrieb er:

»Wir führten ein freies und verwegenes Leben mit Pferd und Büchse. Wir arbeiteten im Hochsommer unter sengender Sonne, wenn die weiten Ebenen in der Hitze flimmerten, und waren mit bitterer Kälte vertraut, die uns zur Zeit des Austriebs im Spätherbst überfiel, wenn wir nachts die Herden umritten. Und doch, es war das Leben selbst, das kühn in unseren Adern pulste, und wir genossen das Hochgefühl der Arbeit und die Lust am Leben.« Der Tonfall stimmte, und so wurde dieser urwüchsige Präsident Held einer Groschenheftserie.

In den Staaten erschien die Reihe 1906 unter dem Serientitel *Roosevelt's Rough Riders Weekly*, bei uns nannte der Dresdner Columbia Verlag die deutsche Version *Roosevelts-Rauh-Reiter.* Held der Geschichten war Ted Strong, der Kapitän der Rauhreiter, dessen Name zumeist den Titel der einzelnen Abenteuer zierte (»Ted Strongs Befreiungsritt«, »Ted Strongs Rivale«, »Ted Strongs Triumph« usw.). Als während des 1. Weltkrieges auch diese Serie verboten wurde, ging ein Raunen durch den deutschen Blätterwald. Ein amerikanischer Präsident als Schreiber von Schundromanen erregte die Gemüter. Dabei hatte Mr. Roosevelt mit den Manuskripten überhaupt nichts zu tun, sie entsprangen ebenso der Fantasie fleißiger Autoren wie die Erlebnisse der meisten anderen Helden des Genres.

Nick Carter

Mit der Buffalo Bill-Serie hatte der Eichler Verlag schon für gehöriges Aufsehen gesorgt, das war aber noch gar nichts gegen den Sturm der Empörung, den Alwin Eichler entfachte, als er Nick Carter herausbrachte.

Dieser Supermann hatte 1884 in den USA das Licht der Welt erblickt, dessen geistiger Vater, J. R. Coryell, damals nicht ahnen konnte, was für einen Helden er da erschaffen hatte.

Es war jedoch nicht Coryell, der den Mythos vom Superhelden Nick Carter schuf, sondern Frederick Dey. Freddy mit der goldenen Feder, wie sein Spitzname lautete, schrieb unter dem Verlagspseudonym Nick Carter über tausend Manuskripte für diese Serie. 1920 schoß sich der Vielschreiber, völlig verarmt, eine Kugel in den Kopf.

Frederick von Rensselaer Dey, wie er mit vollem Namen hieß, hauchte der Figur des typisch-amerikanischen Detektivs Leben ein, versah ihn mit einer Schar von Helfershelfern und Stichwortgebern und wählte New York mit seinen Schattenseiten als Hauptschauplatz. Nick war kein Detektiv im Stil von Sherlock Holmes, der seine Fälle zumeist durch logische Kombination löste, Nick war eher eine Art Sheriff, ein in die Großstadt verpflanzter Westernheld. Er brachte das Tempo der Neuzeit in die Kriminalromanbranche. Kühl und unerschrocken bewegte er sich auf den Dächern der Hochhäuser, sprang über Häuserschluchten wie ein Westernheld über Felsenschluchten, kämpfte auf dem dahinrasenden Pullmannzug mit seinem Gegner, verfolgte ihn im U-Boot, hing am Ballon, saß im Zeppelin; kurzum, wo Nick Carter war, war Action!

Bis in die zwanziger Jahre unseres Jahrhunderts hinein erschienen seine Abenteuer in den USA. Nick Carter trat damit einen Siegeszug ohnegleichen an, er wurde der erfolgreichste Detektiv aller Zeiten. Geht man von Auflage- und Titelvielfalt aus, übertraf sein Erfolg sogar noch Sherlock Holmes!

Nick trat in Radio-Shows auf, er wurde als Comic-Figur vermarktet und wurde schließlich auch als Kinofigur verwertet. Auch auf die deutschen Leser wirkte der Held ausgesprochen elektrisierend. Statt der naiven Erzählungen der Volksbibliotheken oder der endlosen, figurenüberladenen Hunderthefteromane des Kolportagegenres erschienen nun Geschichten mit einem Helden, der sich jede Woche in ein neues Abenteuer stürzte, und es jedesmal nach exakt zweiunddreißig Seiten siegreich beendete.

Als im Jahre 1906 die ersten deutschen Nick Carter-Ausgaben herauskamen, wurden sie den Händlern förmlich aus den Händen gerissen. Die aggressive Sprache, das Titelbild mit seiner Dramatik und marktschreierische Überschriften wie »Die Abenteuer eines Gehenkten«, »Die Leichengräber des Green-Wood-Kirchhofes« oder »Das Gespenst im Irrenhaus« zogen die Konsumenten geradezu magisch an.

Die amerikanischen Originaltitelbilder
einfach übernommen – *Nick Carter*
in der Kaiserzeit

Ein Beispiel soll dies verdeutlichen, es zeigt den Stakkato-Stil und die, für damalige Begriffe, brutale Handlung sehr eindrucksvoll. Nicks Gehilfe befindet sich in der Gewalt eines Schurken, der sich mit ihm auf das Dach eines Hauses geflüchtet hat: »Das Dach war volle fünfzehn Fuß entfernt, und im Abgrund dazwischen lauerte der Tod. Nick nahm einen gewaltigen Anlauf, und mit gewaltigem Sprung durchsegelte er die Luft, um in der nächsten Sekunde sicher auf der anderen Seit zu landen. Wohl brach Nick in die Knie. Doch in derselben Sekunde war er schon wieder in die Höhe geschnellt, sein Blick fiel auf das gräßlich verzerrte Gesicht Mc Canns, welcher mit beiden Händen den Hals des unglücklichen Chick, dem die Augen schon weit aus den Höhlen hervorquollen, umkrallte.

›Halt aus, Chick!‹ rief der Detektiv.

Im selben Moment blitzte auch schon der Revolver in seiner Rechten, und mit durchschossener Stirn fiel der Schurke hinterrücks vom Dach.«

Solche »Kabinettstückchen« machten Nick Carter im verklemmten Deutschland der Kaiserzeit berühmt und berüchtigt und zum bestgehaßten Helden der Groschenhefte. Nick Carter wurde zum Synonym für Heftromane schlechthin.

In einer Berliner Monatschrift jener Tage hieß es dazu: »Unser deutsches Volk scheint von einer Art Wahnsinn befallen. Wie unter dem Zwange eines unheimlichen Wahnes drängt es sich nach jenen schreiend-bunten gezierten Heften, deren Sensationsmache, skrupellose Schwindeleien und verblödende Sprache sich kaum noch überbieten läßt.«

Doch trotz aller Haßtiraden hielt der Erfolg an. Die Kulturschützer von Katheder und Kanzel ließen aber nicht locker und erreichten schließlich, daß sich sogar die Abgeordneten des Deutschen Reichstages mit Groschenheften – konkret mit Nick Carter – befassen mußten. Im Juli des Jahres 1909 wurde ein Antrag eingebracht, der den Paragraphen 184 des Strafgesetzbuches verändern sollte. Er bekam die Bezeichnung Lex-Nick Carter und sollte der volkstümlichen Unterhaltungsliteratur das Wasser abgraben.

Zu Alwin Eichlers großer Freude wurde jedoch dieser Gesetzentwurf im Reichstag nicht angenommen. Nick Carter konnte weiterhin Woche für Woche am Kiosk erscheinen, und so lief die Reihe bis zu Beginn des 1. Weltkrieges. Erst dann führten die Restriktionen der Kriegszeit zur Einstellung der Serie.

Bis zu diesem Zeitpunkt hatte Nick Carter aber schon ganz Europa erobert, die großen, bunten Hefte waren in fast allen europäischen Sprachen erhältlich.

Mit der Einstellung der Reihe in Deutschland um 1914 verschwand Amerikas Meisterdetektiv aber nicht für immer aus den Auslagen der Zeitschriftenläden. Der Krieg war vorbei, das Leben begann sich wieder zu normalisieren, und schon war Nick Carter auch wieder da!

Der Leipziger G. Kühn Verlag startete neben Buffalo Bill auch Nick Carter noch einmal als Quartformat-Serie, die Reihenfolge der Abenteuer wurde dabei allerdings verändert, die Seitenzahl reduziert und der Preis angehoben. Der ursprüngliche Erfolg stellte sich allerdings nicht mehr ein, und so mußte der gute Nick schon mit der fünfzigsten Nummer die Segel streichen.

Ungefähr zur gleichen Zeit versuchte, ebenfalls in Leipzig, der A. Bergmann Verlag mit Nick Carter Geld zu verdienen. Daß diese Reihe allerdings mit der alten Linzenzausgabe des New Yorker Street & Smith Verlags nichts zu tun hatte, wurde bereits im Serientitel betont, wo es hieß: *Der neue Nick Carter der Weltdetektiv.* Aus den Heften im Magazinformat waren bei Bergmann handtellergroße Heftchen geworden. Die Cover waren dem Geschmack der zwanziger Jahre angepaßt, und geschrieben wurden die Manuskripte von H. Gerstmayer, einem Unterhaltungsroutinier jener Jahre.

Auch dieser neue Nick Carter wurde kein Bestseller, schon nach einem Jahr Laufzeit stellte der Verlag die Serie wieder ein.

Der schon erwähnte Olms Verlag in Hildesheim, ein im amerikanischen Besitz befindliches Unternehmen, hat sich auf Faksimiledrucke einst gefragter Volksliteratur spezialisiert und brachte Anfang der siebziger Jahre auch Nick Carter noch einmal in Umlauf. Aus der Erstauflage von 1906 wurden 25 Hefte ausgewählt, mit einem informativen Vorwort und einem Cover versehen, die restlichen Cover wurden einfarbig reproduziert.

Schließlich erlebte Nick Carter sein bislang letztes Revival 1986 als Comic strip in Albenformat, erschienen im Bastei Verlag.

Sherlock Holmes Made in Germany –
Aus den Geheimakten des Weltdetektivs

Im Stuttgarter Lutz Verlag erschien seit 1902 eine Buchreihe, in der in geschmackvoll ausgestatteten Leinenbänden die Sherlock Holmes-Erzählungen Conan Doyles präsentiert wurden. Im Jahre 1907, die Lutzsche Buchausgabe war gerade bei Band acht angelangt, kam in Berlin eine großformatige Heftserie heraus, die sich *Detective Sherlock Holmes, seine weltberühmten Abenteuer* nannte.

Da der Eichler Verlag mit Serienhelden im Quartformat Erfolg hatte, setzten nun auch andere Verlage auf dieses Erfolgsrezept. Das bekannte Verlagshaus für Volksliteratur und Kunst in Berlin etwa versuchte, Nick Carter mit Sherlock Holmes Paroli zu bieten. Dieser Verlag gab seit 1892 sogenannte Volksliteratur heraus, bis zum Ende der Produktion während der NS-Zeit erschienen dort wenigstens fünfzig Heftserien.

Dem renommierten Lutz Verlag allerdings paßte diese Konkurrenz überhaupt nicht und zog vor Gericht.

Das Berliner Verlagshaus verlor, wie nicht anders zu erwarten war, den Prozeß. Der Verlag mußte den verkaufsträchtigen Namen Sherlock Holmes aus dem Logo des Covers entfernen, der Berichterstatter Dr. Watson mußte durch den Gehilfen des Detektivs Harry Taxon ersetzt werden.

So erschien dann ab der Nummer 12 die Heftreihe unter einem neuen Serientitel *Aus den Geheimakten des Welt-Detektivs.* Der bekannte Maler Prof. A. Roloff zeichnete stimmungsvolle Titelbilder für die Sherlock Holmes-Geschichten, die Texte selbst stammten durchwegs von deutschen Autoren. Ab 1907 erschienen die Hefte Woche für Woche, bis 1911 die Schundhatz den Verlag dazu zwang, die Reihe mit der Nummer 230 einzustellen.

Über das damals grassierende Sherlock Holmes-Fieber schrieb das Börsenblatt des deutschen Buchhandels am 15. Juni 1908:

»Der Sherlockismus. Es ist sicher, daß das gegenwärtige Europa an einer Krankheit leidet, die man Sherlockismus nennt. Der Sherlockismus ist eine literarische Krankheit ähnlich der Werther-Manie und dem romantischen Byronismus. Das Publikum begeistert sich für den Detektiv, der durch drei Westen hindurch sieht, ob man an der fünften Rippe einen Leberfleck von drei Millimeter Durchmesser hat.«

Die Auflage der Sherlock Holmes-Hefte stieg jedenfalls während dieses Booms kontinuierlich an. Das Verlagshaus für Volksliteratur und Kunst, wie es sich selbstbewußt nannte, geriet dadurch immer stärker in die Schußlinie der selbsternannten Jugendschützer. Titel wie »Im Sarg neben der Höllenmaschine«, »Die zwölf toten Herzen« oder »Die Frau mit den vier Köpfen« sorgten allein schon für Aufregung. Das Cover der Nummer 68, »Die Anarchistenloge«, ließ die Lehrerschaft aufschreien, es zeigte eine gefesselte, barbusige Schöne, die, von Ratten umgeben, im Keller auf eincm Podest liegt und von einem schwingenden, scharfgeschliffenen Messer in zwei Teile geschnitten zu werden droht.

Völlig aus dem Häuschen waren die Häscher jedoch, als Auszüge aus dem Heft »Der Mädchenmörder von Boston« in den Publikationen der Jugendschützer zitiert wurden, denn da hieß es:

»Elisabeth Remimgton, die junge Professorsfrau, ist auf rätselhafte Weise verschwunden. Sherlock Holmes wird beauftragt, Nachforschungen anzustellen. Sein Scharfsinn hat aus den leisesten Andeutungen bald geschlossen, daß die Verschwundene perversen Neigungen zu ihrem eigenen Geschlecht frönte. Er findet den Droschkenkutscher, der sie mit einem Mädchen zweifelhaften Rufes in ein Hotel gefahren hat. In dem Hotel befindet sich eine Restauration, die wegen ihrer vorzüglichen Delikateßwürstchen im ganzen Stadtteil bekannt ist. Sherlock Holmes läßt sich ein Paar Würstchen servieren. Er schneidet sie an, und ein harter Gegenstand klappert auf den Teller. Was war es? Ein Edelstein aus einem Fingerring mit den eingravierten Buchstaben E. R.

Sherlock Holmes wußte genug. Er ließ die Würstchen stehen und folgte seinem Spürsinn, der ihn in das von den perversen Weibern benutzte Zimmer führte. Er legt sich auf den Diwan: Ein Ruck, und schon saust er nach unten. Als der Diwan hält, befindet er sich in einer Schlachthalle, wo an den Fleischerhaken ringsum geschlachtete Mädchen hängen. Im Eisschrank findet er auch noch Reste der Professorsfrau. Der brave Detektiv schließt seine Geschichte mit der moralischen Betrachtung, daß diese Frauenzimmer auf der Welt doch nichts wert gewesen, hier aber der Menschheit noch nützlich geworden seien!«

Es liegt auf der Hand, daß sich der Mann von Welt damals mit solcher Lektüre nicht in der Öffentlichkeit sehen lassen konnte. Für diesen geplagten Zeitgenossen gab das Berliner Verlagshaus die sogenannte Salonausgabe heraus. Das Format der Salonausgabe unterschied sich deutlich von den Heften, die Seitenzahl war höher. So ähnelte das Heft eher einer normalen Broschüre des Sortimentsbuchhandels, das einfarbige Cover tat ein übriges dazu.

In der Werbung dafür hieß es:

»*Harry Taxon und sein Meister*, unter diesem Titel erscheinen die Weltdetektiv-Erzählungen in geschmackvoller Ausstattung in Oktavformat mit wechselnden, künstlerisch ausgestatteten Titelbildern. Schüler und Meister der Detektivkunst lösen in den Bänden die schwierigsten Aufgaben.«

Harry Taxon enthielt jedoch keine neuen Texte, lediglich die Reihenfolge der Titel war verändert worden, die erste Nummer der Salonausgabe entsprach z. B. der Nummer 133 der Originalausgabe in deutscher Sprache. Die »künstlerisch ausgestatteten Titelbilder« waren nichts anderes als die verkleinerten und in schmucklosem Blau gehaltenen Cover der Großformatausgabe, die so seriöser wirkten.

Das Berliner Verlagshaus für Volksliteratur war natürlich nicht das einzige Unternehmen, das sich Profit von der Zugkraft des Namens Sherlock Holmes versprach. Schon ein Jahr nach dem Start dieser Heftreihe in Berlin brachte der Dresdner Roman-Verlag seine Serie *Ethel King, ein weiblicher Sherlock Holmes* heraus. Im Kopfteil des Titelbildes sah man statt des pfeiferauchenden Detektivs das Porträt einer Dame, die nachdenklich ihr Kinn mit einer Hand abstützt.

Die Fälle, mit deren Lösung Ethel King betraut wurde, waren allerdings nicht ladylike. So zeigte z. B. das Cover von »Der Blutbäcker von Swifton« einen Bäcker, der gerade dabei war, sein Opfer in den Ofen zu schieben. Bei »Jane Davis, die Engelmacherin« erblickte man auf dem Titelbild eine häßliche Alte, die im Keller einige Kinderleichen vergrub. Und das Cover von »Die Bestie von Habana« zeigte einen Mann, der mit dem Kopf nach unten gefesselt an einem Pfahl hing, dessen Kopf allerdings nicht sichtbar war, weil er in einem Ameisenhaufen steckte.

Und auch hier warb der Verlag mit der angeblichen Authentizität der Heldin:

»Noch steht Ethel King in der Vollkraft ihrer Jahre, sie ist keine Phantasiegestalt, sie lebt wirklich, und seit ihrem ersten Erfolg, den sie in ihrer Vaterstadt Philadelphia errang, ist ihr Ruhm von Tag zu Tag gestiegen.«

Ethel King, der weibliche Sherlock Holmes, hatte jedenfalls Erfolg. Die Serie hielt sich einige Jahre auf dem Markt. Es ist eigentlich erstaunlich, daß die Leser dem Verlag einen weiblichen Detektiv abnahmen, der zudem mit der Waffe in der Hand umgehen konnte wie seine männlichen Kollegen. Dem im Kaiserreich verbreiteten Bild der Frau als zurückgezogen lebende Gattin und Mutter entsprach Ethel King jedenfalls nicht. Dabei stand Ethel King noch nicht einmal allein da,

Schund und Schmutz,
der die wilhelminischen Gemüter erregte –
Ethel King, der weibliche Sherlock Holmes

das eigentliche Schreckgespenst der Pädagogen vor dem Ersten Weltkrieg war vielmehr *Wanda von Brannburg, Deutschlands Meister-Detectivin*, eine Großformat-Serie, die ab 1907 ebenfalls in Dresden herausgegeben wurde. Diese Reihe erregte durch besonders spektakuläre Titel wie »Der Kinderschlächter von Berlin«, »Zur verbummfidelten Kunigunde« oder »Tauma, die Dame ohne Unterleib« den Zorn der Jugendschützer erregte. Nach dem Ende des 1. Weltkrieges gab ein Breslauer Verleger noch einmal etwas Sherlock-Holmes-Ähnliches heraus, die Serie nannte sich *Rolf Brand, der deutsche Sherlock Holmes.* Die galoppierende Inflation in den zwanziger Jahren erschwerte jedoch Produktion und Distribution derart, daß die Reihe schon nach kurzer Zeit wieder eingestellt werden mußte.

Gegen Ende der Weimarer Republik machte das Verlagshaus für Volksliteratur noch einmal einen Versuch mit dem englischen Gentleman, diesmal allerdings nur im Kleinformat und mit neugeschriebenen Texten. Der einstige Erfolg stellte sich zwar nicht mehr ein, immerhin aber konnte sich diese neue Serie zwei Jahre lang auf dem Markt halten.

Das letzte Mal tauchte Sherlock Holmes als Held der Groschenhefte schließlich in unseren Tagen auf. Der schon mehrfach erwähnte Olms Verlag gab von der großformatigen Reihe einen Faksimiledruck heraus. Fünfzehn Hefte der Erstausgabe wurden 1971 in einem Buch zusammengefaßt und für knapp 25 DM angeboten.

Lord Lister

Die Erfolge, die das Berliner Verlagshaus und der Eichler Verlag mit den großformatigen Heftserien hatten, regte ähnliche Aktivitäten der anderen Verleger an. Immer mehr Herausgeber von Groschenheftserien brachten Quartausgaben auf den Markt. Zwischen 1905 und 1913 waren ungefähr zwanzig Reihen im Großformat erhältlich, allerdings blieben davon nur sechs Serien länger als zwei Jahre auf dem Markt.

Fast jedes Themengebiet wurde mit diesen Heften abgedeckt. Auf dem Sektor des Kriminalromanes konkurrierten mit Nick Carter und Sherlock Holmes Quartausgaben-Detektive wie *Bill Cannon, Amerikas berühmtester Kriminalkommissar*, oder *John Wil-*

Der Gentlemandieb der Groschenhefte –
Lord Lister, genannt Raffles

son – aus dem Geheimbuch des berühmtesten amerikanischen Detektivs. Der Berliner Verleger des Bill Cannon versuchte zudem mit dem Untertitel *Nach Aufzeichnungen aus meinem Leben* der Serie einen gewissen Realitätsbezug zu geben.

Eine besondere Würdigung verdient *Lord Lister, genannt Raffles der große Unbekannte* des führenden Berliner Verlagshaus für Volksliteratur. Lord Lister gehört zu jener Crew adeliger Außenseiter, die unter dem Motto »Die Herren Einbrecher geben sich die Ehre« Furore machten.

Es waren moderne Robin Hoods, die in der Großstadt begüterte Mitbürger ausplünderten und die Beute großzügig Bedürftigen zukommen ließen. Als »running gag« gehörte zu diesem Konzept der tumbe Polizeikommissar, der von dem cleveren Gentleman-Dieb ständig an der Nase herumgeführt wurde. Was faszinierte die damaligen Leser, warum wurden diese moralischen Außenseiter zu Lieblingen der jugendlichen Käuferschicht?

Einmal war es sicher das Milieu, der scheinbare Blick ins Wohnzimmer des Adels. Zweitens war es die Konfrontation Außenseiter gegen die Staatsgewalt, die in den Erzählungen stets zu Lasten der Staatsgewalt ausging. Raffles führte stellvertretend für die Leser den Widerstand gegen die Obrigkeit. Er machte die Autorität lächerlich, und das in einer Zeit, in der der Schutzmann an der Ecke eine gefürchtete Macht darstellte. Was Lord Lister tat, war der Wunschtraum der Jugendlichen jener Zeit. Und dann waren natürlich die Taten des monokeltragenden Langfingers auch noch bedeutend umsatzträchtiger als die der simplen Ganoven aus dem Berliner Scheunenviertel. Krauses Junior klaute Brieftaschen, Lord X tanzte dagegen mit der Gräfin Y im Savoyhotel und tauschte dann in ihrem Boudoir die wertvolle Perlenkette gegen eine Imitation aus.

Der Engländer E. W. Hornung (1866–1921), ein Schwager Conan Doyles, schrieb zwischen 1899–1909 vier Bücher, in denen ein raffinierter adeliger Gentleman der Polizei ständig ein Schnippchen schlägt. Hornung taufte diese Figur auf den Namen Raffles und verschaffte ihm zur Tarnung eine Doppelexistenz, offiziell ist Raffles ein bekannter Cricketspieler, inoffiziell ist er ein Amateur-Einbrecher, der z. B. nur im Britischen Museum einbricht, um dort einen goldenen Becher zur Dekoration seiner Wohnung zu entwenden.

In der Rolle des Zuträgers fungiert bei Raffles der Reporter Bunny, er stellt wie Dr. Watson bei Sherlock Holmes die dummen

Fragen anstelle des Lesers und bestaunt ehrfürchtig die verblüffenden Fähigkeiten seines Vorbildes.

Raffles gehört zu jener Kategorie gelangweilter Adeliger, die aus Lust am Nervenkitzel eine verbrecherische Laufbahn einschlagen, bei Gefahr aber immer wieder in den schützenden Schoß des Establishments zurückkehren.

Hornungs Geschichten vom Liebhaber-Einbrecher Raffles waren zuerst um 1900 in der Buchreihe *Engelhorns Allgemeine Romanbibliothek* herausgekommen, ungefähr zur gleichen Zeit erschien eine Heftserie, die sich *Lord Lister, genannt Raffles der große Unbekannte* nannte.

Das schon mehrmals erwähnte Berliner Verlagshaus für Volksliteratur und Kunst gab diese großformatige Reihe ebenfalls heraus. Das Logo zeigte neben dem Schriftzug Lord Lister das Porträt eines Gentleman mit schwarzer Maske. Der Verlag kündigte seinen Helden wie folgt an:

»Wer kennt ihn? Wer hat ihn gesehen? So ruft sich ganz London zu. Wer ist dieser Mann, der seit Monden ganz England in höchste Aufregung versetzt? Ein Hochstapler, ein zweiter Manolescu, der alle Wucherer und Geldgierige aus dem Schlaf rüttelt und sie durch seine gewandten Tricks von ihren Geldsäcken befreit. Er beschützt verfolgte Unschuld und verhilft verarmter Ehrlichkeit zu ihrem Recht. In Hunderten von Verkleidungen lernt der Leser diesen Gentleman-Dieb kennen.«

Das Spiel mit der Verkleidung war ein wesentlicher Anreiz dieser Abenteuer, immer wieder foppt der Held seinen Verfolger, Inspektor Baxter, indem er ihm als Hotelportier, Scherenschleifer oder blinder Bettler entgegentritt. Der Inspektorentrottel vom Dienst erfährt immer erst zum Schluß, daß das Wild ganz in der Nähe gewesen war. Trotzdem hatte er es im Kampf mit Sherlock Holmes und Nick Carter schwer, ganz so populär wie diese beiden Groschenhefthelden wurde er nie. Obwohl er den beiden Detektiven etwas voraus hatte – Humor.

Man lachte über Raffles Streiche natürlich nicht nur in Deutschland, wie bei fast allen großformatigen Serien gab es auch von Lord Lister alias Raffles Lizenzausgaben in ganz Europa. Die holländische Ausgabe erreichte fast 600 Titel, die belgische Version lief über fünfzig Jahre und brachte es in dieser Zeit auf über 2500 Nummern.

In Deutschland allerdings stellte der Verlag unter dem Eindruck der sich verschärfenden Anti-Schundbewegung die Reihe schon 1911 ein. Erst kurz vor der Machtergreifung durch die Nazis und später als Faksimilieausgabe des Olms-Verlags in den siebziger Jahren tauchte Raffles noch einmal auf.

Kapitän Stürmer

Nicht nur Kriminal- und Detektivserien erschienen im Quartformat, auch Abenteuergeschichten waren ausgesprochen populär, etwa die Heftreihen *Geheimnisse der Wüste, Der Reiseonkel* oder *Kapitän Marryats Reise- und Seegeschichten.*

Die erfolgreichste Serie auf diesem Gebiet war ohne Frage *Kapitän Stürmer's Fahrten und Abenteuer zu Wasser und zu Lande* des berühmt-berüchtigten Münchmeyer Verlages aus Dresden – jenem Unternehmen, das bekanntlich Karl May so übel mitgespielt hatte, als es seine frühen Kolportageromane noch einmal herausbrachte.

Der Verlag warb mit folgenden Worten für diese Abenteuergeschichten:

»Nur ein Mann, der sein ganzes Leben dem Meer gewidmet hat, konnte die Rätsel der Ozeane lösen. Ein solcher Mann, ein ewiger Wanderer über alle Meere der Welt, war Kapitän Fred Stürmer, genannt Kapitän Sturmvogel. Es gibt wohl keine Hafenstadt der Erde, in welcher Kapitän Sturmvogel nicht gekannt und geliebt war.«

Der bekannte Maler A. Wald, ein damals vielbeschäftigter Illustrator, schuf die Titelbilder für Kapitän Stürmer – zumeist Szenen, die nur so vor Action strotzen, ob nun der Kapitän mit einem Regenschirm aus einem Ballon abspringt, zwischen den Zähnen einer Götzenfigur zappelt oder von einer Horde blutgieriger Chinesen umgeben ist.

Die Räuber

Jahrzehntelang hatte in der Trivialliteratur der edle Räuber das Feld beherrscht, jener Revolutionär, der die Reichen beraubte und die Armen unterstützte. Diese Gestalt verkörperte lange Zeit die Wunschträume der sozialen Unterschichten. Der Räuber war ihr Revolutionsheld, ein Mann, der die Revolution im kleinen durchführt. Entsprechend groß war die Zahl der literarischen Wegelagerer, noch um 1900 waren bei uns ca. vierzig Kolportageromane dieses Genres erhältlich.

Behängt mit Superlativen traten sie aus dem dunklen Tann, etwa

Arno Kraft, genannt der Goliath, der größte deutsche Räuberhauptmann des 19. Jahrhunderts; Arthur Melchior Vogelsang, genannt der Nebelreiter, der verwegenste und größte Räuberhauptmann von Sachsen und Böhmen; Arthur Robino, der Anführer der schwarzen Banden; der größte Räuberhauptmann der Gegenwart; Adolf Schilling, genannt die Blutdogge, der furchtbarste und gewaltigste Räuberhauptmann Deutschlands und Österreichs usw.

In der Kaiserzeit verdrängten dann andere Idole die alten Buschräuber zunehmend. In das neue Genre der großformatigen Heftreihen mit Serienhelden retteten sich aber immerhin doch noch einige Schnapphähne hinüber. Zwei davon waren Übernahmen aus England, eine Neuheit für damalige Verhältnisse, denn meistens wurden nur Urheberrechte aus den USA erworben.

Blood-and-thunder tales oder Penny dreadful nannte man in England die auch dort beliebten Groschenhefte. Zu den Favoriten der englischen Leser zählte Dick Turpin mit seinem Pferd Bessy, ein Straßenräuber, der zum Held der englischen Trivialliteratur aufstieg.

Dick Turpin war eine historische Figur. Geboren 1705, starb er schon 1739 am Galgen. Turpin, der ursprünglich Metzgergeselle gewesen war, hatte auf Wegelagerer umgesattelt. Zeitgenossen schilderten ihn als klein, dick und glatzköpfig, bei seinen Überfällen ging er brutal und rücksichtslos vor.

Als er jedoch seine Heftlaufbahn begann, war aus ihm ein schlanker, lockenköpfiger Geselle mit elegantem Schnurrbart geworden. Seit Mitte des 19. Jahrhunderts erschienen in England Heftreihen, die das kurze Leben des Räubers Turpin ausschlachteten. Die erfolgreichste Serie hieß *Black Bess*, genannt nach seinem Pferd, das er sehr geliebt haben soll.

Black Bess war die beliebteste Lektüre der englischen Jugend, die Reihe wurde bis 1894 in Millionenauflagen nachgedruckt und von der Londoner Aldine Publishing Company ab 1902 noch einmal herausgebracht.

Der Berliner Metropol Verlag brachte 1908 die Abenteuer des englischen Mordgesellen unter dem Serientitel *Dick Turpin. Der Beherrscher der Landstraßen Englands, Deutschlands, Frankreichs* heraus. Diese Hefte hatten zwar die farbenprächtigsten Cover aller Großformatreihen, trotzdem war der Serie kein Erfolg beschieden, und so ritt Dick Turpin nur knapp ein Jahr durch unser Land.

Claude Duval war ebenfalls ein historischer Straßenräuber, er wurde im Jahre 1670 als Siebenunddreißigjähriger gehängt. Die Glorifizierung seiner Untaten begann in London um 1870, als eine Heftserie herauskam, die seine Taten heroisierte. Auch dieser Räuber erlebte eine kurze Phase der Popularität im deutschen Sprachraum. Der Dresdner Eichler Verlag gab diese Reihe 1907 unter dem Titel *Claude Duval. Historischer Roman aus der Puritanerzeit* heraus.

Verfaßt wurden die Manuskripte von einem gewissen Charlton Lea, das klingt nach Pseudonym – war es aber ausnahmsweise einmal nicht. Charlton Lea, wie er richtig hieß, war ein englischer Schriftsteller, der sich auf geschichtliche Themen spezialisiert hatte. So erschien z. B. 1912 in Leipzig von ihm eine dreibändige Geschichte der spanischen Inquisition.

Neben den Übersetzungen gab es aber auch noch ein paar Räubergeschichten aus deutscher Feder. Im eindrucksvollen Großformat erschien z. B. 1908 in Berlin die Serie: *Berühmte Räuber aller Länder. Deren Leben und Taten.*

In je fünf aufeinanderfolgenden Heften wurden berühmte europäische Straßenräuber vorgestellt. Heft 1–5 präsentierte *Rinaldo Rinaldini, den größten Räuberhauptmann Italiens*, die folgenden fünf Titel behandelten das Leben von *Antonio Gasparone, der König der Berge.*

Die Titelbilder dieser Reihe hielten allerdings keinen Vergleich mit den Entwürfen eines A. Wald oder A. Roloff aus, sie waren steif, ja fast primitiv in der Ausführung. Vielleicht waren diese Cover denn auch mit ein Grund dafür, daß die *Berühmten Räuber* so schnell wieder aus den Auslagen der Zeitschriftenhändler verschwanden?

Die Konkurrenz schlief natürlich auch damals nicht; wenn man in Berlin eine Reihe *Räubergeschichten* startete, so konnte man das auch in Dresden. Berlin und Dresden waren bis 1945 die Hochburgen der Heftchen-Unterhaltungsliteratur in Deutschland.

In Dresden konterte man also mit einer Heftreihe, die den stolzen Serientitel *Berühmte Räuber der Welt* trug. Es war eine etwas kleinere (Oktavformat) Serie, die der Dresdner Roman Verlag startete. In jedem Heft wurde ein berühmter Räuberhauptmann vorgestellt, von Johann Bückler, genannt Schinderhannes, über Matthias Kneißl, Michael Kohlhaas und Karl Moor bis zu Urach dem Wilden.

Aber ob *Berühmte Räuber aller Länder* oder *Berühmte Räuber der Welt*, die Uhr der Wegelagerer war abgelaufen, gegen Nick Carter & Co. hatten sie keine Chance mehr. Die Räuberhauptmänner verschwanden von der Bildfläche und spielten im Heftgenre keine Rolle mehr.

Das Thema Fremdenlegion beschäftigte die deutsche Öffentlichkeit in der Kaiserzeit sehr, es war ein Reizthema. Zur Erzeugung von Ressentiments gegenüber dem Erbfeind Frankreich wurde die Karte Fremdenlegion immer wieder ausgespielt. Die Legion, das war für viele junge Männer das Tor zum Abenteuer, erst nachdem sie es durchschritten hatten, stellten sie fest, daß es auch das Tor zur Hölle war. Immer und immer wieder veröffentlichten echte und angebliche Fremdenlegionäre ihre Memoiren und schilderten zur Warnung der Jugend das Leben in der Legion in düstersten Farben.

Erst in jüngster Zeit machte sich eigentlich eine nüchterne Einstellung gegenüber der Legion breit. Philipp Rosenthal, Inhaber der bekannten Porzellanmanufaktur, schrieb ein Buch über die heilsamen Erfahrungen, die er in der Fremdenlegion machte. In einem anderen Werk, das 1981 erschien und die Geschichte der 155 Jahre alten Truppe aufrollt, erfährt man, daß so bekannte Leute wie der Schriftsteller Hans Habe, der Komponist Cole Porter oder Nikita Chrutschtschows Verteidigungsminister R. J. Malinowski einst in der Legion gedient hatten.

Heute führt die Fremdenlegion nur noch ein Schattendasein, hatte sie z. B. gegen Ende des Zweiten Weltkrieges noch eine Truppenstärke von 36 000 Mann, so schrumpfte sie in unseren Tagen auf 8000 Mann zusammen.

Natürlich gab es auch eine Heftreihe im Großformat zu diesem Thema. Das Verlagshaus für Volksliteratur hatte auch in Sachen Fremdenlegionäre etwas auf Lager. Schon vor dem Ersten Weltkrieg erschien dort die Reihe *Erlebnisse deutscher Fremdenlegionäre*, im Untertitel hieß es »Nach Berichten und geschichtlichen Quellen bearbeitet«. Der wahrscheinliche Autor C. L. Panknin, ein Spezialist für Marinethemen, schilderte in diesen Heften das grausame Schicksal deutscher Legionäre, die für die Grande Nation in Asien und Afrika ihr Leben riskieren. Die eindrucksvollen Titelbilder schuf, wie meistens im Berliner Verlagshaus, Prof. A. Roloff, der zwischen 1890–1943 Hunderte von Büchern illustrierte und fast tausend Titelbilder für diverse Heftserien entwarf.

Die Werbung auf der Rückseite der Großformathefte heizte die antifranzösische Stimmung kräftig an. So hieß es u. a.: »Die Wahrheit über die Fremdenlegion erfahren die Unglücklichen, welche sich durch Abenteuerlust, gewissenlose Werber oder kleine, im Vaterland begangene Torheiten haben verleiten lassen, sich der französischen Fahne auf fünf Jahre zu verpflichten, erst jetzt. Zwei Drittel der Legionäre sind Deutsche, fünf Centimes beträgt die tägliche Löhnung. Achtzig von hundert Legionären sehen ihre Heimat nie wieder, sie modern in fremder Erde. Der Lohn der Legion ist ein Grab im Wüstensand.

Es ist das Leben deutscher Kameraden, das die in sich abgeschlossenen Bände bringen, und auf Wahrheit beruht, was die abenteuerlichen Schilderungen wiedergeben. Die Erlebnisse deutscher Fremdenlegionäre sind ein Menetekel für Deutschlands Jugend. Unsere Devise muß lauten DEUTSCHE SÖHNE DEM DEUTSCHEN VATERLAND!« Die Behauptung, daß 80 von 100 Legionären starben, ist natürlich maßlos übertrieben, aber immerhin mußten 17% der Fremdenlegionäre im Laufe der Zeit ihr Leben lassen.

In der Serie wurde kräftig gegen den Erbfeind vom Leder gezogen, man schwamm damit auf der herrschenden Stimmungswelle mit und redete dem Chauvinismus das Wort. Trotzdem wurde die Reihe während des Ersten Weltkrieges verboten, und der Verlag stellte die Herausgabe ein Jahr nach Kriegsausbruch ein.

Ungefähr zur gleichen Zeit, als in Berlin die Heftreihe *Erlebnisse deutscher Fremdenlegionäre* herauskam, war in Dresden eine ähnliche Serie in Produktion gegangen, die sich »Zehn Jahre in der Fremdenlegion« nannte und sich ebenfalls als wahrheitsgetreuer Tatsachenbericht ausgab. Der angebliche Verfasser Wilhelm Damm verkündete auf dem Heftumschlag: »Sehr geehrter Herr. Als Sie mich aufforderten, meine Erlebnisse in der Fremdenlegion zu veröffentlichen, lockte mich nicht das Honorar, sondern ich wurde mehr von dem Gedanken geleitet, daß auf diese Weise Tausende einen Einblick in das Leben der Fremdenlegion tun können. Bald die Hälfte aller dort ausgebeuteten und oft buchstäblich bis aufs Blut gepeinigten Menschen sind deutsche Reichsangehörige, für sie soll dies als Warnung dienen.«

Die Hefte des Dresdner Roman Verlages erschienen allerdings nicht im Großformat, sondern im normalen Mittelformat (wie es heute noch gebräuchlich ist). Die Abenteuer dieses fiktiven Helden spielten sich im Gegensatz zur Konkurrenzserie hauptsächlich in Nordafrika ab.

Zusammen mit den *Erlebnissen deutscher Fremdenlegionäre* zählt *Zehn Jahre in der Fremdenlegion* zu den seltenen Serien dieses Genres. Etwas leichter aufzutreiben ist da schon die in riesiger Auflage verlegte Heftreihe *Heinz Brandt der Fremdenlegionär* mit dem vielver-

Warnung vor der verruchten Fremdenlegion
des französischen Erbfeindes –
Heinz Brandt

sprechenden Untertitel »Abenteuer, Leiden und Geheimnisse in der Fremdenlegion«. Diese erfolgreichste Legionärs-Serie erschien ein Jahr vor Ausbruch des Ersten Weltkrieges im Dresdner Mignon Verlag, die wöchentliche Auflage lag zeitweilig bei 100 000 Exemplaren!

Wie bei den anderen Legionärs-Heftreihen, so spielte auch hier der Verlag auf der Klaviatur des Chauvinismus. Den guten deutschen Legionären, den Brüdern Heinz und Fritz Brandt, wurden die verschlagenen, brutalen französischen Befehlshaber gegenübergestellt. In Heft 68 (»Der Herr Major amüsiert sich«) benutzt z. B. ein französischer Major die Gebrüder Brandt als lebende Schießscheiben, um eine neuartige Waffe auszuprobieren.

In der Werbung schlug der Mignon Verlag noch nationalistischere Töne an als die Konkurrenz:

»Die Fremdenlegion, das Paradies des Teufels, sie mordet einen Teil der Jugend, erniedrigt ihre Soldaten zu Sklaven und Tieren, schafft unzählige Wahnsinnige, Sieche, Krüppel und Todesopfer, kennt noch heute mittelalterliche Folter und Henkersqualen. Und doch fallen diesem verruchten Fangnetz Frankreichs Tausende und Abertausende zum Opfer.«

Ein halbes Jahr später hatte man sich dann im Mignon Verlag einen besonders verkaufswirksamen Gag ausgeheckt: Auf dem Backcover versprach man demjenigen 500 Mark Belohnung, der Werber für die Legion in Deutschland ausfindig machte und zur Anzeige brachte. Die Brandt-Brüder tummelten sich zuerst in Nordafrika, siedelten später nach Asien über, unternahmen einen Abstecher nach Zentralafrika und waren dabei immer auf der Spur des Abenteuers; Titel wie »Die Elefantenschlacht«, »Das Geheimnis der versunkenen Stadt«, »Die Amazonen von Dahome« oder »Bei den Menschenfressern von Kitumbo« verweisen dabei mehr auf das Abenteuer-Genre als auf das Kriegs-Genre.

Für die Heftreihe schrieben diverse Autoren, einer davon war ein siebzehnjähriger Gymnasiast namens Gustav Fröhlich, jener Gustav Fröhlich, der später als Filmstar der UFA Karriere machte und neben Willy Fritsch zu den bestbezahlten Liebhaberdarstellern jener Zeit zählte.

Die Serie um Heinz Brandt war gerade bei der Nr. 80 (»Die Totenstraßen von Ain Seira«) angelangt, als der 1. Weltkrieg ausbrach. Der clevere Verlag schaltete sofort:

»Zur eindringlichen Warnung für Abenteuerlustige enthüllte Heinz Brandt in den ersten 80 Heften den wahren Charakter der Fremdenlegion. Bei Ausbruch des Krieges schüttelte Heinz Brandt das unwürdige Joch der Legion ab. Die folgenden Hefte berichten von den Abenteuern und Kämpfen Heinz Brandts auf den blutgetränkten Schlachtfeldern Frankreichs. MIT GOTT FÜR KAISER UND RECHT, so lautet jetzt die Parole Heinz Brandts, des ehemaligen Fremdenlegionärs, der sein Leben geweiht hat der Rache an seinen französischen Quälgeistern und Bedrückern.«

Nun nannte sich die Serie also *Heinz Brandt der ehemalige Fremdenlegionär*, und die Brandt-Brüder wurden schnell aus Asien auf die europäischen Kriegsschauplätze versetzt, zu Weltkriegssoldaten gemacht und schon bald als Unteroffiziere mit dem Eisernen Kreuz ausgezeichnet. Heinz Brandt marschierte durch halb Europa, kämpfte auf allen bekannten Schlachtfeldern in Frankreich, Rußland und auf dem Balkan. Derart den veränderten Zeiten angepaßt, konnte sich die Serie immerhin bis 1921 auf dem Markt halten und dabei über 300 Titel erreichen.

Als die Schrecken des Krieges verblaßten und sich eine Aussöhnung mit dem Erbfeind Frankreich während der Weimarer Republik anbahnte, sah man auch die Legion wieder in einem anderen Licht. Der Vertrag von Versailles aber erwies sich als eine zu große Bürde für die erste deutsche Republik, und die Rechte bekam gegen Ende der zwanziger Jahre langsam wieder Oberwasser. Sofort entsann man sich auch im Mignon Verlag an die antifranzösiche Legionärs-Reihe *Heinz Brandt*. Man holte die alten Hefte wieder aus dem Archiv und baute eine neue Serie darauf auf. Titel, *Norbert Falk. In der Fremdenlegion*. Im Juli des Jahres 1931 erschienen die ersten Hefte dieser kleinformatigen Reihe. Wie gehabt, wurde Haß gegen Frankreich geschürt, diesmal von neuen Autoren mit größeren schriftstellerischen Fähigkeiten, was die ganze Sache noch gefährlicher machte. So erschien nun Woche für Woche Norbert Falk am Kiosk, der im Laufe der Zeit Bekanntschaft mit dem gesamten französischen Einflußbereich machen durfte.

In diesen Jahren wurden aber auch die Nationalsozialisten immer stärker, nach den Richtlinien der Partei sollten: »Bücher mit Inhalten, über die aus Gründen der nationalen Selbsterhaltung nicht geschrieben werden sollte, ausgesondert werden. Dazu gehörten alle Werke über die Fremdenlegion, über Spionage und Zukunftskriege!«

Der Mignon Verlag deutete die Zeichen der Zeit richtig und stellte Norbert Falk im Jahr der Machtergreifung ein. Das Schlußheft 105 (»Im Angesicht des Todes«) schmeichelt sich dabei ungeniert bei den neuen Machthabern ein, als über die Rückkehr des Helden in die Heimat berichtet wird:

»Rasch verging die Zeit – Helgoland glitt an ihnen vorüber. Vom Mast der vorüberfahrenden Schiffe wehte das Hakenkreuzbanner. Norbert Falk war still geworden. Nach so langer Zeit wieder auf deutschem Boden. Heimat! sagte er leise, Tränen schimmerten in seinen Augen. Schweigend schritten sie durch die Straßen Hamburgs. Von den Dächern, den Türmen und Masten grüßte das Hakenkreuzbanner. Irgendwo zog ein Trupp SA-Männer vorüber . . .«

Von 1933–1945 hatte die Legion Ruhe, 1956 aber grub ein Verlag in Hamburg dieses alte Thema wieder aus. Der Titel der neuen Serie konnte einem durchaus bekannt vorkommen: *Fremdenlegionär Brandt.* Der neue Legionär hieß zur Unterscheidung vom alten Helden Rolf mit Vornamen und war ein blonder Friese! Es waren graphisch recht nett aufgemachte Hefte, die sogar Innenillustrationen aufwiesen. Und zum wiederholten Mal konnte man als Berechtigung für das Erscheinen der Fremdenlegionärs-Reihe lesen: »Noch immer machen sich abenteuerlustige junge Männer völlig falsche Vorstellungen vom Dasein in der Legion. Rolf Brandt ist einer der Namenlosen, die auf unromantische Weise ihre Gesundheit, ihr Leben für die Legion opferten. Die Erzählungen Rolf Brandts bedeuten eine Warnung und Mahnung zugleich für unsere heranwachsende Jugend.«

Zu dieser Zeit war die Warnung durchaus berechtigt, da in der frühen Nachkriegszeit viele junge Männer ihr Heil in der Legion suchten. Das Thema an sich war aber nicht mehr aktuell genug, um eine Heftreihe zu tragen, nach fünf Nummern war die Heftkarriere des neuen Fremdenlegionärs schon wieder beendet.

Das »Golden Age« des deutschen Heftromans 1905–1914

Die Jahre zwischen 1905–1914 waren die goldenen Jahre des deutschen Heftromanes, nie vorher und nie wieder hat es so viele Serien und so hohe Auflagen gegeben. Experten behaupteten damals, daß seit der Erfindung der Buchdruckerkunst keine Literaturgattung in so kurzer Zeit einen solchen Leserkreis gefunden hat!

In diesen Jahren setzte sich das Groschenheft mit seinen Serienhelden gegenüber dem Lieferungsheft mit Fortsetzungscharakter endgültig durch. Vor dem Ersten Weltkrieg erschienen in Deutschland ca. 100 Heftreihen, die großformatigen eingeschlossen, der Gesamtumsatz pro Jahr wurde auf 50 Millionen Mark geschätzt. Berlin und Dresden waren die Hochburgen der Heftproduktion, in Dresden waren in jenen Jahren zwölf einschlägige Verlage ansässig, in Berlin sind gar zweiundzwanzig Unternehmen nachzuweisen, die in diesem Zeitraum Groschenhefte verlegten.

Die Auflagen waren z. T. grandios, selbst eine so farblose Serie wie die *Moderne 10 Pf. Bibliothek*, eine typische Frauenserie, erreichte um 1910 eine Auflage von 100 000 Exemplaren pro Titel, und stolz wies der Verlag darauf hin, daß man von dieser Reihe in dreizehn Jahren 14 Millionen Hefte verkauft habe!

Die Verleger scheffelten das Geld, ein Berliner Unternehmen soll jährlich zweieinhalb Millionen Mark verdient haben. Die Autoren wurden mit Honoraren zwischen 25 und 100 Mark pro Band abgespeist.

Vom Deutschen Reich aus wurde ganz Europa mit fremdsprachigen Ausgaben der jeweiligen Serien versorgt. Der gesamte Balkan, die Anrainerstaaten Deutschlands, alles befand sich in deutscher Verlegerhand. Über Dänemark als Einfallstor versorgten Berliner und Dresdner Unternehmer ganz Skandinavien mit ihren Erzeugnissen. Allein nach Norwegen wurden in einem Jahr (1909) für eineinviertel Millionen Mark Groschenhefte eingeführt!

Führt man sich diese Summen vor Augen, dann müßte man meinen, daß die Verleger dieser kräftig sprudelnden Devisenquelle im deutschen Kaiserreich gerngesehene Staatsbürger waren. Aber das Gegenteil war der Fall, sie wurden fast wie Aussätzige behandelt, drangsaliert, kujoniert, unter Druck gesetzt, verboten.

Drei Verlage waren es vor allem, die die Szenerie beherrschten. Der Verlag für Volksliteratur und Kunst in Berlin mit ca. 20 Serien, der Dresdner Roman Verlag und der Verlag für moderne Lektüre, Berlin, mit jeweils ca. 15 Heftreihen in diesem Zeitraum.

Die großformatigen Hefte mit den neu eingeführten Serienhelden hatten den Markt in Deutschland vorbereitet. Im Schlepptau dieser Vorreiter erschienen nun Heftserien mit normalem Format. Die Schmöker im Überformat hatten zwar spektakuläre Erfolge gehabt, aber die *Kleinen* machten schließlich das Rennen und setzten sich durch.

Von den ungefähr 100 Reihen der Kaiserzeit waren gut zwanzig Großformatserien, der Rest bestand aus Periodika im vertrauten handlichen Format.

Der stärkste Einfluß der großformatigen Hefte war auf dem Sektor des Kriminalromanes zu verzeichnen, hier dominierten eindeutig Nick Carter & Co. Die Kleinen, wie *Pat Conner*, *Fritz Staggart*, *John Spurlock* oder *Jack Franklin* strampelten sich zwar brav ab, erreichten aber nur Achtungserfolge und waren meistens nach einem Jahr schon wieder vom Markt verschwunden.

Nat Pinkerton, der König der Detektive

Die Reihe, die schließlich von der Laufzeit und der Titelanzahl her alle Quartheftserien schlagen sollte, ging zurück auf jenen cleveren Privatdetektiv Allan Pinkerton, der in der Mitte des vorigen Jahrhunderts die »Pinkerton National Detective Agency« in Chicago eröffnet hatte. Die Agentur begann mit elf Angestellten und hatte später Hunderte von Mitarbeitern. Pinkertons Agentur verhindete Verbrechen wie z. B. ein Attentat auf Präsident Lincoln. Während des Bürgerkrieges baute Pinkerton für die Nordstaaten einen Geheimdienst auf; mit den damals entstandenen Fotos, die ihn neben Präsident Lincoln zeigten, warb Allan Pinkerton ungeniert. Pinkerton gab seiner Firma ein einprägsames Warenzeichen – das offene Argusauge – und unterstrich dies noch mit dem Versprechen »We never sleep«! Nach seinem Rückzug ins Privatleben führten seine Söhne das Unternehmen weiter. Allan Pinkerton aber setzte sich hin und schrieb seine Memoiren – es wurden 18 Bände.

Wechselte im Verlauf der Jahre
mehrfach den Vornamen –
Nat Pinkerton, der König der Detectivs

Diese Quelle wurde von Hunderten von Unterhaltungsschriftstellern ausgebeutet, die sich aus dem Fundus Ideen für unzählige Bücher und Hefte holten. Die Popularität des Namens Pinkerton war ein Zugpferd, das nie versagte. Darauf setzte auch der Dresdner Roman Verlag, als er im Jahre 1907 die Serie um Nat Pinkerton ins Leben rief. Stolz verkündete man: »Nat Pinkerton ist keine Phantasiegestalt. Er hat wirklich gelebt als ein Mann von ungewöhnlicher Energie und hoher Begabung. Wie erhaben und herrlich steht er da als Mensch, wenn er, den furchtbaren Gefahren trotzend, auf der Spur eines Schurken sich befindet, von welchem er die Menschheit selbst mit Gefahr seiner Gesundheit und seines Lebens befreien will.«

Der Bannstrahl der Sittenwächter, der auf Nick Carter lag, streifte natürlich auch Nat Pinkerton. In Österreich etwa tarnte der Verleger die Ausgabe, indem er sie *Illustrierte Detektiv-Zeitung. Sensationelle Wochenschrift* nannte. Kioskbesitzer von damals berichteten, daß die »feinen« Leute Pinkertonhefte kauften und dann die Umschläge abrissen und wegwarfen, um so in der Straßenbahn ungestört ihrem Laster frönen zu können. Trotz aller Gegenmaßnahmen wurde Europa von Pinkerton-Abenteuern gleichwohl überschwemmt, eine französische Ausgabe erschien sogar noch 1940! In Deutschland durfte sich der »Meister«, wie er ehrfürchtig von seinen Gehilfen genannt wurde, nur bis in die ersten Kriegsjahre hinein tummeln, dann verschwand er für lange Zeit von der Bildfläche. Erst sechzig Jahre später erschienen noch einmal zehn seiner Abenteuer, gebunden als Faksimile-Ausgabe bei Olms in Hildesheim.

Die Gestalt des erfolgreichen Privatdetektivs beschäftige die Phantasie der Verleger, sie sahen in ihm einen Gewährsmann für gute Einnahmen. So wuchs die Familie der Pinkertons im Laufe der Jahre an. Von *Jimmy Pinkerton* (1919) über *Fred Pinkerton* (1920 und der Serie *Pinkerton, Amerikas größter Detektiv* (1929) bis zu einer Serie, in der nach dem 2. Weltkrieg zum erstenmal der wirkliche Vorname »Allan« verwandt wurde.

Jede Zeit hat ihre speziellen Helden, trotz Krimi-Serien wie Nick Carter, Sherlock Holmes oder Nat Pinkerton war die Zeit vor dem Ersten Weltkrieg nicht wirklich die hohe Zeit der Detektive. In jenen Jahren waren vielmehr Reise-Abenteuer gefragt, es wimmelte an den Kioskauslagen nur so von einschlägigen Heftreihen mit Serientiteln wie: *Durch Länder und Meere, Um den Erdball, Horst Kraft der Pfadfinder, Jürgen Peters der Schiffsjunge, Konrad Götz der Wandervogel, Von deutscher Treue, Rolf Rodewalds Reisen um den Erdball, Ein neuer Robinson* usw.

Für die Jugendlichen war dies das Tor zur weiten Welt. In einer Zeit, da der Ausflug zur Kirmes im nächsten Dorf schon ein Ereignis war, konnte man beim Lesen dieser Geschichten wenigstens im Geiste die Erde bereisen.

Die Machart dieser Weltenbummler-Serien soll am Beispiel der Reihe *Jürgen Peters der Schiffsjunge* erläutert werden. Man nehme eine jugendliche Identifikationsfigur und stelle ihr eine Vaterfigur als Nothelfer und Betreuer zur Seite, bei Jürgen Peters, dem Waisenknaben, sind dies Kapitän Schlüter und Steuermann Ol Kopp. Mit diesen beiden als Beschützern und Erziehern fährt der Held auf dem Segler *Sturmvogel* um die Erde und erlebt in zehn Jahren fast 450 Abenteuer!

Der Dresdner Eichler Verlag, der diese Reihe herausgab, hatte mit Jürgen Peters ein gutes Pferd im Stall. Mal ließ er sich von Hagenbeck retten, mal wandert er auf E. A. Poes Spuren, das beliebte Mormonen-Thema durfte natürlich auch nicht fehlen, dann wieder reiste man mit dem Ballon durch Afrika oder landete auf der »Insel der wilden Schweine« im »Traumland«.

Als die Serie im Jahre 1913 herauskam, war der Held fünfzehn, demnach hätte er 1923, als die Reihe eingestellt wurde, fünfundzwanzig sein müssen, aber wer war dem Globetrotter schon so lange gefolgt? Da fiel es auch gar nicht auf, daß der Verlag Titelbilder, die er zu Beginn der Serie eingesetzt hatte, zum Ende der Reihe noch einmal ins Rennen warf.

Beileibe nicht alle dieser frühen Abenteuer-Serien waren so naiv und trivial, manche Reihen boten ausgesprochen gute Unterhaltung. Ich denke da z. B. an *Um den Erdball*, Untertitel »Bibliothek interessanter Reisen und Abenteuer«. Diese Reihe hatte keinen Serienhelden, so konnten bekannte Jugendbuchautoren wie Fr. Scott, G. Kern,

K. Rode, Fr. Meister u. a. ungestört von seriellen Heldenzwängen ihr Garn spinnen. Die Titel kamen dem starken Interesse der Zeitgenossen an exotischen Themen entgegen: »Mit dem Kronprinzen nach Indien«, »Auf Schneeschuhen durch Alaska«, »Unter den Kopfjägern auf Borneo«, »Durch Afrika im Auto« usw. So ist es nicht verwunderlich, daß auch diese Heftreihe während des Ersten Weltkrieges nicht verboten wurde. Die Hefte mit der roten Umschlagsleiste und den stimmungsvollen Titelbildern waren gut fünf Jahre auf dem Markt, ein Beweis für die gelungene Konzeption der Serie.

Im Oktober des Jahres 1910 wurde in Stettin eine der »beliebten« Umtauschaktionen durchgeführt, die Schuljugend wurde aufgerufen, ihre Schundromane gegen »gute Volksschriften« einzutauschen. Innerhalb weniger Tage wurden 6000 Hefte abgegeben. Die meisten abgelieferten Titel stammten dabei erstaunlicherweise aus der Piratenserie *Unter schwarzer Flagge. Abenteuer des berühmten Piraten Kapitän Morgan.*

Die alten Abenteuerthemen, die im 19. Jahrhundert die Unterhaltungsliteratur beherrscht hatten, lieferten in diesen Jahren die letzten Rückzugsgefechte. Die Serie um Sir Henry Morgan, dem Piraten mit staatlichem Kaperbrief, der sogar Vizegouverneur von Jamaika wurde, erschien in Berlin aber immerhin fünf Jahre lang. Nur ein halbes Jahr lang war dagegen die Konkurrenz-Reihe des Dresdner Roman Verlages *Die Blutfahne des Flibustier. Kapitän Franz Drake der Erzpirat* auf dem Markt.

Dem norddeutschen Seeräuber Klaus von Winnsfeld setzte das Berliner Verlagshaus 1908 mit *Klaus Störtebecker der gefürchtete Herrscher der Meere* ein Denkmal. Im Schlußheft der Serie (Heft 60) wurde wieder einmal die Mär vom kopflosen Störtebecker ausgebreitet: Der Sage nach hatte Störtebecker mit dem Gericht vereinbart, daß alle seine Männer frei sein sollten, an denen er nach dem tödlichen Axthieb vorbeigehen würde. In Wirklichkeit jedoch wurde er und seine Vitalienbrüder 1401 in Hamburg geköpft und ihre Häupter zur Abschreckung auf Pfähle gesteckt.

Nach dem Ersten Weltkrieg reaktivierte der Verlag 1930 seinen Freibeuter noch einmal, und sogar nach dem Zweiten Weltkrieg versuchte ein Darmstädter Verlag mit *Klaus Störtebecker der kühnste Pirat aller Zeiten* an die vergangene Epoche anzuknüpfen. Aber mit diesem uralten Thema konnte man 1949 niemand mehr hinter dem Ofen hervorlocken, und so mußte der hanseatische Seeräuber schon nach acht Heften wieder die Segel streichen.

Jahrzehntelang beliebt bei den Lesern –
Klaus Störtebecker

Ein altes Thema behandelte auch die vor dem Ersten Weltkrieg erschienene Heftreihe *Florian Geier. Kämpfe mit den Raubrittern.* Florian Geyer von Geyersberg, ein fränkischer Ritter, führte bekanntlich während des Bauernaufstandes im 16. Jahrhundert den »Schwarzen Haufen« an und wurde nach der Niederlage 1525 von seinem Schwager erschlagen. Die unorthodoxe Heftreihe über den Bauernführer von einst gab der Verlag für moderne Lektüre, Berlin, heraus, aber der Geschichtsunterricht in Groschenheftform kam anscheinend bei den Lesern nicht so recht an, schließlich lagen ja auch die Ereignisse, die dort beschrieben wurden, fast 400 Jahre zurück; so wurde die Serie mit der Nummer 50 wieder eingestellt.

Da war ein anderes Serienprodukt aus dem Hause Mignon in Dresden schon bedeutend erfolgreicher. Es war eine Heftreihe, die an der Grenze zwischen Krimi und Abenteuer angesiedelt war und deren Ausläufer bis in unsere Tage zu verfolgen sind.

Lord Percy vom Excentric Club. Der Held und kühne Abenteurer in 197 geheimnisvollen Aufgaben, so lautete der volle Titel dieser Serie. Wieder einmal stand ein englischer Adeliger im Mittelpunkt, ein Snob, der gern Mitglied im Londoner Excentric Club werden möchte. Der edle Lord muß 197 Aufgaben lösen, die der Club ihm stellt, darunter die Aufklärung ungesühnter Verbrechen, die Wiederauffindung verschwundener Personen und ähnliches mehr. Man war beim Mignon Verlag so leichtsinnig, die Reihe schon im Titel auf 197 Hefte zu begrenzen. Wahrscheinlich hatte man gedacht, soviel Nummern würde die Serie sowieso niemals erreichen. Percy Stuart wurde Ende 1913 ins Leben gerufen. Als dann der 1. Weltkrieg ausbrach, war ein englischer Lord natürlich nicht mehr opportun. So wurde der Held kurzerhand in einen amerikanischen Millionär verwandelt, die USA waren ja zunächst noch neutral, aber auch das half der Serie nicht viel. Die Militärbehörde verbot 1916 die weitere Herausgabe, und so war Percy mit der Nr. 132 am Ende, er hatte also die 197 gestellten Aufgaben nicht lösen können.

Die Reihe hatte aber immerhin so viel Popularität erreicht, daß 1917 Joe May mit einem Drehbuch von Fritz Lang einen Percy Stuart-Film drehte; *Die Hochzeit im Excentric Club.*

Kaum war der Krieg vorbei, da versuchte die schmutzige Konkurrenz auch schon, sich an den Erfolg Lord Percy Stuarts anzuhängen. In Leipzig gab der Rekord Verlag die Heftreihe »Lord Stuart der große Abenteurer« heraus, die Ähnlichkeit war rein zufällig. Der Mignon Verlag hatte zur gleichen Zeit dieselbe Idee. Viele Verleger starte-

Erlebte im ZDF ein spätes Revival –
Percy Stuart

ten ihre alten Helden erneut und setzten dabei lediglich das Wörtchen »Neu« davor. Also taufte man in Dresden das Remake *Der neue Excentric Club.* Und da 1920 Sport »in« war, hieß es im Untertitel »Spannende Sport-Erzählungen«.

Man brachte alle 132 Titel, nun allerdings im stark verkleinerten Format, noch einmal heraus. Die Serie ließ sich so gut an, daß man nach kurzer Zeit wöchentlich zwei Nummern herausgeben konnte. So war man im Nu bei der gefährlichen Nummer 197 – der Schlußnummer angelangt – was nun? Man verfiel auf eine einfache Lösung: Der tapfere Held konnte die letzte Aufgabe nur teilweise lösen, schamerfüllt erklärte er sich deshalb bereit, weitere 197 Proben zu bestehen. So lautete dann der Titel der Nr. 394 folgerichtig »Percy Stuarts Aufnahme in den Excentric Club«. Damit war nun aber endgültig Schluß – oder?

Um weitermachen zu können, wurde wieder ein neuer Dreh gefunden: Aus Freude darüber, als 197. Mitglied in den Club aufgenommen zu sein, bot der Sportskamerad Percy an, 1976 Heldentaten zu verrichten – wenn man ihn dann zum Präsidenten machen würde.

Jetzt war man also mutig geworden und peilte fast 2000 weitere Hefte an.

Der *Neue Excentric Club* war 1920 wieder aufgelegt worden, die Serie lief also, während in Deutschland die Inflation ausbrach. Viele Serien überstanden die Geldentwertung nicht. Percy alias der *Neue Excentric Club* aber lief weiter bis zur Nr. 534 im Jahre 1927! Als die Reihe sich totgelaufen hatte, die Käufer müde geworden waren und der Absatz zurückging, stellte man endlich die Serie ein. Im letzten Heft, Titel: »Im Schacht der Silbermine«, rettet der Held die Tochter des Präsidenten und wird dessen Schwiegersohn und Nachfolger. Elf Jahre hatte der Held dazu gebraucht. Der Excentric Club hatte sich als Begriff aufgrund der langen Laufzeit und der hohen Auflagen im Bewußtsein der deutschen Heftleser regelrecht festgesetzt. Daran dachte wohl ein Augsburger Verlag im Jahre 1950, als er es noch einmal mit dem adeligen Sportsmann versuchte. *Percy Stuart der neue Excentric Club* stand auf dem Cover, und darunter »Original-Ausgabe in 197 Ausgaben«. Zwar erschien die Nr. 1 »Percy Stuarts Sieg über drei Weltmeister«, auf die restlichen 196 Hefte aber warten die Leser noch heute! Aber der Snob war nicht umzubringen, schließlich trat er sogar im Fernsehen auf. Von 1969–1972 liefen im Vorprogramm des ZDF 52 Folgen nach Motiven der Heftserie, den Titelhelden spielte Claus Wilcke, der durch diese Rolle ungeheuer populär wurde.

Und schließlich trat auch der unvermeidliche Olms Verlag noch einmal auf den Plan, nutzte den Boom und gab 1972 eine Faksimileausgabe heraus, in der 15 Hefte der Zweitauflage zusammengefaßt waren.

Wildwestreihen

Bei der schon erwähnten Sammelaktion des Jahres 1910 lag an zweiter Stelle der eingesammelten kleinformatigen Hefte, und damit an zweiter Stelle der Popularität die Serie *Texas Jack* des allgegenwärtigen Berliner Verlag für Volksliteratur. Texas Jack war eine authentische Person wie Buffalo Bill. In den siebziger Jahren des vorigen Jahrhunderts machte er seinen Ruf als Westernheld zu Geld, als er mit Buffalo Bill durch den Osten der Vereinigten Staaten tingelte. In der Wildwest-Show »The Scouts of the Prärie« traten sie in Phantasiekostümen auf, jonglierten mit dem Lasso und jagten Indianer durch die Manege. Mit 33 starb Texas Jack an Lungenentzündung. In der Unterhaltungsliteratur auf beiden Seiten des Ozeans aber lebte er weiter!

Texas Jack. Der berühmteste Indianerkämpfer – so hatte der Verlag seine Wildwestserie getauft. In der Werbung dazu hieß es: »Der Held dieser Hefte ist Jack Hawkins, genannt Texas Jack, von dem noch heute ganz Amerika spricht. Mit 16 Jahren war Texas Jack der beste Reiter, der sicherste Schütze und tollkühnste Indianerkämpfer. Wegen der Ermordung seiner Familie durch die Indianer schwor er den Rothäuten ewige Rache und machte es sich zur Aufgabe, den Wilden Westen vom roten und weißen Gesindel zu reinigen. Die Bändchen schildern Texas Jacks Kämpfe mit verschiedenen Indianerstämmen, seine Abenteuer im Urwald und in der Prärie, seine tollkühnen Ritte als erster Kundschafter der Regierung. Es war ein Mann – nehmt alles nur in allem. Ihr werdet niemals seinesgleichen sehen!«

Wahrlich starke Worte! Texas Jacks eigentlichen Namen John Borwell Omuhundro wollte man den Lesern selbst in diesem Zusammenhang allerdings nicht zumuten. Seine Auftritte in den Wildwest-Shows ließ man ebenfalls unter den Tisch fallen, sie paßten wohl nicht zum Image. Wie bei den meisten Serien des Verlages für Volksliteratur, so hatten auch diese Hefte exzellente, farbige Titelbilder. Als die Serie nach fünf Jahren Laufzeit 1910 mit der Nummer 215 beendet wurde, startete der Verlag sofort eine neue Reihe, sie hieß *Mit Büchse und Lasso.* Nur ganz diskret wurde darauf hingewiesen, daß es sich um die alten Geschichten handelte.

Als Lizenzausgabe erschien bei einem anderen Berliner Verlag eine Wildwestserie, die sich *Der große Kundschafter* nannte, überflüssig zu sagen, daß es sich hier ebenfalls um die alten Texas Jack-Stories handelte.

Mangelnde Cleverness konnte man also dem Berliner Verlag nicht vorwerfen. In den dreißiger Jahren änderte das Verlagshaus für Volksliteratur und Kunst seinen Namen, man ließ die Kunst weg und nannte sich nun Neues Verlagshaus für Volksliteratur. In diesen Jahren gab man auch eine überarbeitete Neuauflage des Texas Jack heraus, und so ritt Mr. Omuhundro noch einmal für ein paar Jahre über die Prärie.

Dies war aber noch nicht sein letzter Ritt gewesen. Nach dem Ende des Tausendjährigen Reiches setzte sich der Kunstschütze erneut in den Sattel. In Mannheim kam fünf Jahre nach Kriegsende *Texas Jack. Die gelben Wildwestromane* heraus, aber diesmal fiel der Westmann schon nach ein paar Nummern aus dem Sattel. Edle Rothäute wie Unkas, der letzte der Mohikaner, Winnetou oder Atala prägten das Bild des Indianers im Europa des 19. Jahrhunderts. So nimmt es nicht wunder, daß es auch schon bald einschlägige Heftserien gab. Ab 1906 wetteiferte an den Auslagen der Zeitschriftenhändler eine Indianerserie mit Texas Jack um die Gunst der Wildwestfans. Beide Reihen kamen aus dem gleichen Verlagshaus in Berlin. Die neue Reihe lief erst unter dem Titel *Sitting Bull der letzte Häuptling der Sioux-Indianer.* Als sich dann herausstellte, daß die Serie bei den Lesern gut ankam, ließ man auch noch andere Stammesfürsten auftreten (Bloody Hand, Black Horse usw.) und änderte den Serientitel in *Berühmte Indianerhäuptlinge.*

Nach Neubearbeitungen der alten Texte in den dreißiger Jahren besann man sich erst nach Kriegsende wieder auf die alten Helden. Und so hing 1950 plötzlich »Sitting Bull« erneut am Kiosk. Ein kleiner Verlag in Hagen gab zeitweilig diese Wildwestserie heraus. Vielleicht erinnert sich der eine oder andere Leser noch an diese Hefte mit gelber und schwarzer Titelleiste, auf der *Sitting Bull. Männer, Schüsse und Banditen* stand? Die altmodischen Cover, wahrscheinlich von einer Vorkriegs-Reihe übernommen, zeigten blutrünstige Szenen aus den Indianerkriegen, die entsprechenden Titel lauteten: »Sitting Bulls Rachezug«, »Sitting Bulls Todesmarsch durch Wyoming« oder »Sitting Bull und die Raubjäger der Prärie«.

Im Heft las sich das dann so: »›Verrat – Verrat‹, brüllte Guerner,

›die Rothäute greifen an‹. Ein Tomahawk fuhr ihm ins Gehirn, bevor er zum Schuß kam. Die Bewohner des Handelsplatzes wurden durch den Angriff so überrascht, daß sie schon abgemessert und mit gespalteten Schädeln zu Boden sanken, bevor ihnen zu Bewußtsein kam, was passierte.«

Der Verlag war sich bewußt, daß er mit dem Titel *Sitting Bull* alte Erinnerungen weckte, man wollte aber darauf hinweisen, daß es sich um neue Texte handelte, daher stand auf der letzten Seite: »Unsere historische Sammlung der Helden des Wilden Westens hat nichts mit der vor vierzig Jahren in einem Berliner Verlag erschienenen Serie Berühmte Indianerhäuptlinge zu tun.«

Zwischen 1959–1965 erschien in der Bundesrepublik schließlich die letzte große Indianerserie, der Rastatter Pabel Verlag gab in den sechs Jahren 72 Hefte der Reihe *Die Rothaut. Spannende Indianer Abenteuer* heraus. In einigen dieser Hefte wurden Motive der alten Serie verwandt. Kurz vor Beginn des Ersten Weltkrieges erschien noch eine Wildwestserie, die einen großen Marktanteil erreichen sollte, unter dem Titel *Der neue Lederstrumpf.* Der Dresdner Roman Verlag gab die kleinen Hefte ab 1913 heraus. Mit folgenden Sätzen versuchte man die Serie den Lesern schmackhaft zu machen: »Durch Urwald und Prärie, durch Felsengebirge, Seen und Flüsse in eine Welt voll Abenteuer und Gefahr führt Euch der neue Lederstrumpf. Das ist ein Buch nach Eurem Herzen. Denn wer von Euch, liebe Leser, möget Ihr noch der reifenden Jugend angehören oder schon zu den Erwachsenen zählen, liebt nicht die Indianerromantik. Der neue Lederstrumpf ist von einem bekannten Schriftsteller, der selbst lange Jahre im Westen Amerikas gelebt hat, geschrieben.«

Held der Serie ist der Westmann Old Wawerly, mit seiner Tochter und zwei Söhnen lebt er am South Fork in einem Steinhaus. Mit seinen Söhnen hat es eine besondere Bewandtnis, sie heißen Fred und – Buffalo Bill! Wie praktisch, Lederstrumpf und Buffalo Bill in einem Team, ein solches Gespann mußte doch unschlagbar sein, auch wenn es sich um den *Neuen Lederstrumpf* handelt!

Man hatte richtig spekuliert, von 1913–1925, mit kriegsbedingten Unterbrechungen, war die Reihe fast zehn Jahre lang auf dem Markt, viermal wechselte in dieser Zeit der *Neue Lederstrumpf* den Verlag.

Wie bei den *Berühmten Indianerhäuptlingen*, so ging es auch beim *Neuen Lederstrumpf* ziemlich martialisch zu:

Ein Klassiker
der deutschsprachigen Volksliteratur –
Der neue Lederstrumpf

»Als der Apache das Kind an sich reißen wollte, krachte ein Schuß. Aus dem hohen Gras erhob sich ein Mann, der eine rauchende Büchse in der Hand hielt. Der Apache fiel, in den Rücken getroffen, kopfüber vom Pferd herab. Die beiden anderen Apachen stutzten – das war ihr Verderben, wieder blitzte es drüben im hohen Grase, und wieder stürzte ein Apache mit zerschmettertem Haupte zu Boden. Und der dritte –? Der wollte fliehen, aber da hatte der Mann aufs neue geladen, aufs neue geschossen, das Pferd brach zusammen, der Reiter rollte auf den Boden hin. Da sprang die hohe Gestalt des Retters schnell auf ihn zu und machte dem Leben des Apachen mit einem Kolbenhieb auf den Schädel ein Ende. Michael Gruber brach in Jubel aus. ›Old Wawerly hat uns gerettet‹.«

In einem anderen Heft heißt es z. B.: »Old Wawerly trat furchtlos den vierzig Cherokesen entgegen. Gedeckt durch die Salven der Seinigen, ging er den Feinden entgegen und schlug mit dem Kolben wütend um sich.«

Die Manuskripte waren teilweise unorthodox geschrieben, manchmal spekulierte man mit aktuellen Bezügen und historischen Persönlichkeiten. Die berühmte Opernsängerin Jenny Lind trat z. B. in Heft 57 (»Die Schreckensnacht der Sängerin Jenny Lind«) auf. Gegen Landspekulationen richtete sich die Nr. 294 »Landhaifische«, auf dem Cover der Nr. 186 sah man einen Indianerhäuptling auf einem Hügel sitzen und auf ein brennendes Indianerdorf hinabblicken – der Titel des betreffenden Heftes lautete »Der rote Nero«. Optisch wie inhaltlich wirkt die Reihe aus heutiger Sicht veraltet, der Text liest sich holzschnittartig und wirkt unfreiwillig komisch.

Trotzdem wurden eine Neuauflage versucht. Vier Jahre nach Ende des Zweiten Weltkrieges brachte ein kleiner Verlag in Kaiserslautern eine Heftreihe heraus, die wie eine Kopie des *Neuen Lederstrumpfs* aussah. Georg Schäfer, der Verlagsinhaber, nannte die Serie *Zack Lederstrumpf-Stories.* Im Untertitel ging man ein wenig mehr ins Detail: »Old Jefferson, der Westmann vom Schlangenfluß«. Aus Old Wawerly war Old Jefferson geworden. Die kleinen Heftchen mit den schlichten, zweifarbigen Titelbildern waren preiswert, sie kosteten nur 30 Pf, reich konnte der Verleger damit nicht werden. Als sich schließlich der Autor des *Neuen Lederstrumpfes* meldete und eine finanzielle Beteiligung verlangte, stellte der Verlag die Serie einfach ein und ließ den Helden im letzten Heft (Nr. 50) sterben!

Es ist alles schon einmal dagewesen und es kommt alles wieder, so könnte das Motto des gesamten Heftgenres lauten, aber so ganz stimmt das nicht. Es gab damals bestimmte Themen in der Volksliteratur, die heute völlig »out« sind.

Dazu zählen die um 1910 so beliebten Jungens- oder Backfischstreiche. Diese Serien wird man heute am Kiosk vergeblich suchen, damals aber schlugen sie grandios ein. Sie gehörten bald zu den beliebtesten Heftreihen unter den Jugendlichen. Die Auflage stieg rapid und lag auf dem Höhepunkt bei 300 000 Exemplaren pro Titel.

Der Berliner Verleger M. H. Lehmann hatte als erster die Idee gehabt. In der letzten Augustwoche des Jahres 1907 erschien die Nummer der *Jungens-Streiche, Rüpeleien, Geheimnisse und Abenteuer unserer Jugend*, sie trug den Titel »Der Bund der Sieben«. Dieser Bund der Sieben bestand aus sieben Schülern, die ständig irgendwelche Streiche ausheckten, die bösen Buben trugen so einprägsame Namen wie »Appelkarl« oder »Blutzinken«. Die Streiche bewegten sich im Rahmen jugendlichen Übermutes, manchmal allerdings auch nicht. Da wurde z. B. ein Mädchen mit ihren Zöpfen an einen Baum gebunden und mit Schneebällen beworfen, ein Polizist auf einen Schlitten gebunden und verprügelt, mit Teer übergossen, an einem Klingelzug eine Wurst festgebunden und alle umherstreunenden Hunde dazu gebracht, hochzuspringen und damit zu klingeln, es ging um Tauben-, Kartoffel- und Honigdiebe usw.

Trotz solcher Harmlosigkeiten wurden diese Reihen damals erbittert bekämpft und galten als Musterbeispiel von Schundliteratur. Der Verlag versuchte dem zuvorzukommen und teilte eines Tages seinen Lesern mit: »Da der Titel Jungens-Streiche vielfach zu falschen Schlüssen geführt hat, daß man diese Bände, selbstverständlich ohne den Inhalt zu kennen, für Schundliteratur hält, wünscht ein großer Teil der Leser eine Änderung des Titels. Wir werden daher die Jungens-Streiche ab Band 101 in *Die Jugendwoche* umbenennen.« Gleichzeitig schlug man aber auch den Weg zum Jugendmagazin ein. Zwar dominierten immer noch die Streiche der Sieben, daneben wurden nun aber auch Geschichten und Gedichte der Leser abgedruckt, ein Clubwesen aufgezogen, das die Leser noch enger an die Serie binden sollte, Clubausweise ausgegeben, eine Leserbriefecke eingerichtet und ein Tauschmarkt eröffnet. Herausgegeben wurde die Jugendwoche offiziell von einem »Verein zur Verbreitung guter Volksschriften«, hinter dieser Tarnung verbarg sich natürlich niemand anders als der Verlag selber. Aber Max Lehmann war noch viel gewitzter, er ließ z. B. in eine seiner Publikationen folgendes Statement einrücken: »Man lese keine Schundromane. Immer mehr und mehr greift die Schundliteratur um sich und wird hauptsächlich durch Lieferungshefte verbreitet, die niemals den Schluß der Erzählung enthalten. Man schützt sich davor, daß man abgeschlossene Bände kauft. Wer gute und fesselnde Lektüre – keine Schundlektüre – für billiges Geld und in sauberem Zustand kaufen will, dem empfehlen wir unsere nachstehenden Werke – *Unter schwarzer Flagge*, *Geheimnisse der Wüste*, *Pat Conner der Meisterdetektiv*, *Jungens-Streiche*, *Florian Geiers Kampf mit den Raubrittern*.«

Nach weiteren einhundert Heften der Jugendwoche setzte der Verlag für moderne Lektüre die Reihe mit *Der Jugendbund. Wochenschrift für Unterhaltung, Spiel, Sport und Jugendwandern* fort. Jetzt ließ man die verräterischen Titelbilder fast ganz weg und gestaltete das Titelblatt mit großen Schriftzügen und Rankenwerk im Jugendstil.

Die Konkurrenz schlief natürlich nicht, schon ein Jahr nach dem Start der *Jungens-Streiche* brachte der ebenfalls in Berlin ansässige Grethlein Verlag die *Jugendpost. Unterhaltungsblatt für Jugend und Familie* heraus. In diesem großformatigen Jugendmagazin wurden ebenfalls Fortsetzungsromane, Stories, Rätsel, Leserbriefe u. ä. angeboten. Hauptsächlich druckte man eine Heftserie nach, die sich *Von deutscher Treue* nannte und zum Abenteuer-Genre gehörte. Die Cover für dieses Magazin stammten ebenfalls von Prof. Roloff.

Der Breslauer Sonnen Verlag, ein auf Plagiate spezialisiertes Unternehmen, gab in den zwanziger Jahren die *Jugend-Streiche* heraus; ebenfalls in den zwanziger Jahren erschien *Der Jugend-Kurier. Illustrierte Halbmonatsschrift*. Mit den *Jungens-Streichen* war das Genre der »Böse-Buben-Geschichten« etabliert worden, mit *Prinzessin Übermut* erschien ein Pendant für die weibliche Jugend. Stand bei den Jungens-Streichen die körperliche Aggression im Mittelpunkt, egal ob man Prügel einsteckte oder austeilte, so trat bei den Backfischstreichen der Kuß an diese Stelle. Der erste Verleger, der diese Trumpfkarte ausspielte, war Alwin Eichler in Dresden mit der Herausgabe der o. g. Reihe *Prinzessin Übermut. Eine Serie lustiger Backfischstreiche*. Als die Serie 1909 anlief, hieß es dazu auf dem Back-Cover: »Humor ist Trumpf. Wir bringen dem Publikum eine Serie kleiner Bändchen, deren Inhalt von sprühender Lustigkeit ist, wie nur die frische freie Jugend sie ungewollt und ungeschminkt so oft zutage fördert. Es lebe die Jugend . . .«

Was man sich vor 1914 unter Groschenheften
für die Jugend vorstellte –
die Serie *Backfischstreiche*

Eichler hatte wieder einmal auf das richtige Pferd gesetzt, die Reihe lief prächtig, die Teenager der Kaiserzeit kauften die Hefte regelmäßig, die Auflage stieg und stieg. Selbst die Militärbehörden hatten während des 1. Weltkrieges nichts gegen die übermütige Prinzessin einzuwenden, und so lief die Reihe bis in die Inflationszeit hinein und schloß erst mit der Eheschließung des Backfisches (Nr. 400, Titel: »Flitterwochen«) ab.

Die Streiche erinnerten an Wilhelm Busch. Da wurde jemand in einen Zuber mit Kleister geworfen, eine feine Gesellschaft mit der Gießkanne begossen, Lehrer genarrt oder Freier lächerlich gemacht. Die Titel waren dementsprechend: »Der Busserlfranz«, »Lilli das Wunderschwein«, »Eulalia die Ängstliche« etc.

Nach dem Selbstmord des Verlegers wurde der Eichler Verlag in Columbia Verlag umgetauft. Unter dem neuen Label startete eine zweite, einschlägige Serie, der Einfachheit halber nannte man sie gleich *Backfischstreiche.* Die Verlagswerbung dafür war noch schwülstiger, als sie schon bei *Prinzessin Übermut* gewesen war: »O Maienzeit, o Jugendzeit, was ist so süß wie du! In welcher Zeit des Menschenlebens quillt wohl mehr der harmlose goldene Humor, der sprühende Übermut, reiner und reicher aus jugendlichen Herzen, als in jener süßen Zeit! Die Bändchen Backfischstreiche sollen den Leser in die Geisteswelt solcher Frohgestalten führen. Der Backfischchen – dieses zwischen harmlosen Engelchen und sprühenden Teufelchen schwankende Geschöpf . . .«

Ebenfalls aus Dresden, vom dort ansässigen Mignon Verlag, stammte die Serie *Lu und Lo die beiden Rangen.* Die Handlung dieser Heftreihe spielte sich im Gegensatz zu den ersten beiden Serien mehr in der Stadt ab, der Großraum Berlin lieferte den Rahmen für die Abenteuer der beiden »Rangen«. Sie stammten aus einem vornehmen Haus, der Vater war Geheimrat, und natürlich hatte man einen Hauslehrer und eine Gouvernante und lebte zeitweilig im Pensionat.

Hinter dem Kürzel Lu und Lo verbargen sich die Berliner Gören Ludwig und Lore. So wie in den anderen Reihen wurde auch hier den Autoritäten eine lange Nase gedreht, die gestrengen Pädagogen verulkt und ein bißchen geliebt.

Der Verlag hielt diese Abenteuer wohl für humorvoll. Aber mit dem Lustigsein wollte es nicht so recht klappen. Als die Serie im Jahre 1915 auf den Markt kam, war das zweite Kriegsjahr angebrochen, und den Leuten war anscheinend das Lachen vergangen. Kurz darauf wurde die Reihe schon wieder eingestellt.

Kaum war jedoch der Krieg zu Ende gegangen, da kehrten die Lümmel und Backfische auch schon wieder auf den Markt zurück. In der Weimarer Republik sorgten diverse Verlage mit ganz speziellen Jugendserien für Jux und Spaß, etwa mit *Jochen Rinderhaars lustige Tierstreiche* oder *Bob Boldenschmidt, ein neuer Till Eulenspiegel.* Groß im Schwange waren Reihen mit Doppelnamen. Da gab es etwa *Schlumperfritz und Schlumperfranz, Fink und Peter die knorken Jungens* oder *Max und Männe. Lustige Bubengeschichten*!

Die kleinen Max und Männe-Hefte mit den farbigen Titelbildern von R. Hansche erschienen im Verlag für moderne Lektüre, Berlin, jenem Unternehmen, das einst mit den *Jungens-Streichen* das Genre ins Leben gerufen hatte. Geschrieben wurden die ersten Hefte von Walter Kabel, einem der fruchtbarsten Schreiber unter den Heftromanautoren. Die *Max und Männe*-Hefte stellten etwas ganz Besonderes dar, unter dem Pseudonym Walter Neuschub schuf Kabel in einer Kombination von Zeichnung und Versform eine typische Buschiade.

Die Hefte erschienen während der Inflationszeit, die Preisaufdrucke variierten von 75 Pf bis 250 Mark. Unter solchen Umständen langfristig zu planen, zu drucken und den Vertrieb in Gang zu halten, muß abenteuerlich gewesen sein. Trotzdem gab der Verlag die Serie über einen längeren Zeitraum heraus, von der ersten Ausgabe dieser unorthodoxen Lyrik-Serie erschienen 56 Nummern, und als 1938 eine zweite Auflage gestartet wurde, brachte sie es sogar auf 80 Titel!

Da das Konzept so gut ankam, schickte der Verlag 1922 ein Seitenstück zu Max und Männe hinterher, der Serientitel lautete: *Lene und Lotte. Lustige Mädchengeschichten.*

Kabel dichtete dazu:

»Streiche, sag ich, toll und froh.
Aber niemals war'n sie roh.
Nein des Kleeblatts Übermut
keinen Menschen Schaden tut.«

Der Zweite Weltkrieg beendete die Zeit der harmlosen Jux-Serien endgültig. Eine letzte Spur der einst so beliebten Jungens-Streiche des Bundes der Sieben läßt sich aber noch bis in die frühe Nachkriegszeit verfolgen. Ein Hannoveraner Verlag versuchte 1952 eine Renaissance des alten Themas. Aus dem *Bund der Sieben* war der *Bund der Acht* geworden. Die Spitznamen der Knaben waren aktualisiert, ein Mitglied der Bande hieß z. B. Kohlenklau – ein Ehrentitel, mit dem sich viele Jungens in den ersten Nachkriegsjahren schmücken konnten. Die Konzeption der Serie *Bund der Acht* war jedoch nicht mehr zeitgemäß, und so mußte die Reihe schon nach fünf Ausgaben wieder eingestellt werden.

Märchenhefte

Heutzutage gibt es derartig harmlose Backfisch- und Jungens-Streiche im Heftgenre nicht mehr, die Comics und das Fernsehen bedienen nun diese Käuferschicht. Aber noch ein weiteres Themengebiet, das einst sehr beliebt war, ist heute von den Auslagen der Kioske verschwunden – die Märchenhefte der Serie *Es war einmal. Eine Sammlung der besten Märchen aus aller Welt.* Dieser Longseller des Dresdner Jugendschriften Verlages hing zum erstenmal im Jahre 1910 in den Schaufenstern der Buchhändler, und bis 1922 war die Reihe erhältlich. Sie erreichte in diesen zwölf Jahren über sechshundert Titel. Stolz vermeldete der Verlag, daß die Serie vom Schuldirektor Richard Stecher herausgegeben wurde. Jedes Heft war illustriert und enthielt einige Märchen z. B. norwegischer, türkischer, irischer oder französischer Herkunft. Die Erfolgsserie ging später in den Besitz der Mitteldeutschen Verlagsanstalt über, und der Freya Verlag, der schließlich daraus entstand, startete *Es war einmal. Märchen aus aller Welt* im Jahre 1925 noch einmal. Die Neuauflage brachte es in zwei Jahren auf knapp 150 Titel, ehe ihr die Luft ausging. Trotzdem versuchten sich noch drei weitere Verlage mit Märchen im Heftformat und brachten die ähnlichen Serien *Mein Märchenbuch, Neuer Märchenschatz, Die Bücher der Jugend* auf den Markt.

Der *Neue Märchenschatz* kam im Berliner Verlag für Volksliteratur heraus. Nach dem Zweiten Weltkrieg – das Unternehmen war nach Westdeutschland, genauer nach Bad Pyrmont verschlagen worden – erschien 1952 noch einmal eine Heftreihe mit dem Titel »Es war einmal. Die schönsten Märchen aus aller Welt«. Das Papier war stark holzhaltig, die Titelbilder wirkten primitiv, die Farben matt, und so ist es kein Wunder, daß die Reihe auf keine große Resonanz mehr stieß. Nach ein paar Ausgaben zog der Verlag die Serie wieder zurück.

In der glorreichen Zeit des deutschen Kaiserreiches hat es natürlich auch viele Eintagsfliegen und Außenseiter-Serien gegeben, die nie wieder aufgelegt wurden. Zu diesen Paradiesvögeln zählt z. B. die von der SPD ab 1897 herausgegebene *Illustrierte Romanbibliothek* und die Serie *Gekrönte Häupter. Zur Naturgeschichte des Absolutismus*, die im Baake Verlag, Berlin, erschien, ein Unternehmen, das sich ebenfalls im Besitz der SPD befand.

Man merkt dies sofort, wenn man die Reklame studiert, die auf der Innenseite des Heftumschlages prangt, wo für Broschüren wie: *Wie klage ich vor dem Gewerbegericht – ein Ratgeber für Arbeiter* oder *Die technische Revolution und der Kapitalismus* geworben wird.

Die Hefte selber präsentierten jedesmal einen anderen, absolutistischen Herrscher in düstersten Farben, ob das nun Katharina die Große, August der Starke oder Wilhelm II. war. Stolz wurde auf der Titelaufstellung jedesmal vermerkt: »Confiscirt gewesen«!

Die kleinen, schlicht-braunen Heftchen, die um 1895 verlegt wurden, kosteten 20 Pf, beziehungsweise 13 Kreuzer oder 25 Centimes, für damalige Verhältnisse ein stolzer Preis.

In den Texten kratzte man heftig am glänzenden Lack der Potentaten, versuchte den Absolutheitsanspruch der Fürsten- und Königshäuser zu erschüttern und die Gloriole, die von der königstreuen Presse um die Herrscher gewoben wurde, zu durchbrechen. In der Nummer 15 »Friedrich Wilhelm IV.« etwa wird z. B. die Abneigung des Königs gegenüber der Berliner Bevölkerung breit ausgemalt: »Beim Ordensfest hatte es einen Aufruhr gegeben. Das versetzte den König in rasenste Wuth. ›Was!‹ rief er aus, ›sie machen mir schon wieder Spektakel? Und die Kanaillen bitten, daß ich hier wohnen soll? Ich will Ihnen den Teufel thun! Zusammenhauen muß man das Pack. In Berlin sind viermalhunderttausend Spitzbuben, nur ein paar tausend ordentliche Leute. Ich will die strengste Untersuchung. Das Pack soll zur Ordnung gebracht werden.‹«

Die konservative Seite reagierte auf derartige Majestätsbeleidigung prompt. Ein Herr Rühle schrieb um 1900 in seiner Broschüre *Die Schundliteratur und ihre Bekämpfung von seiten der Lehrer* denn auch zu dieser Serie:

»Sie behandelt die schwärzesten Nachtseiten aus dem Leben gewisser Regenten. Mag der Inhalt Wahrheit sein oder nicht – was ist der Zweck? Das Volk soll zwischen Fürsten jener Zeit und der Gegenwart unlogische Schlüsse ziehen, die Ausnahme für die Allgemeinheit nehmen und dadurch seinen Fürsten entfremdet werden. Das Schwinden von Ehrerbietung und Vaterlandsliebe ist die erste Frucht, Unzufriedenheit, Mißtrauen, Unbotmäßigkeit, Ungehorsam greifen Platz, der Gedanke an Thron und Krone erfüllt mit Haß und Abscheu – dann breitet die alleinglücklichmachende Sozialdemokratie ihre Arme aus.«

Im Zeppelin zum Mond

Die erste Science Fiction-Serien

Romane und Novellen, in denen Wunschträume, Spekulationen oder eine technische Vorausschau auf kommende Ereignisse gegeben wurden, hatten in Deutschland keine feststehende Terminologie. Die Verleger nannten sie abwechselnd: »Abenteuerromane des 20. Jahrhunderts«, »Zukunftsromane«, »Visionen«, »Fantastische Romane« oder »Technisch-politische Utopie«.

Eine der ersten interessanten Serien dieses Genres stellt Robert Krafts *Aus dem Reiche der Phantasie* dar. Robert Kraft, der nach Karl Mays Weggang im Münchmeyer Verlag als zweiter Jules Verne aufgebaut werden sollte, schrieb in seinem kurzen Leben einige typische SF-Romane. Der Handlungsverlauf von Krafts *Aus dem Reiche der Phantasie* erinnerte teilweise an Windsor McCays berühmte Comicserie *Little Nemo in Slumberland*, die ab 1905 im New Yorker Herald lief und regelmäßig damit endete, daß der Knabe Nemo aus seinem Abenteuer errettet wurde, indem er aus dem Bett fiel und aufwachte.

Genauso ging es Krafts jugendlichen Helden, einem querschnittgelähmten vierzehnjährigen Knaben, in diesen kleinen, bunten Heftchen aus dem Münchmeyer Verlag in Dresden. Mit einem Unterschied allerdings – Robert Kraft hatte diese Idee schon 1901.

Worum ging es in diesen Abenteuern? Nun – »Die Totenstadt« z. B. behandelte die After-Doomsday-Thematik. Durch eine plötzliche Pol-Verschiebung befindet sich Leipzig auf einmal mitten am Äquator, giftige Gase aus dem Erdinneren töten alles menschliche Leben, tropische Regenfälle verwandeln die Vegetation in einen undurchdringlichen Dschungel, die Ansiedlungen und Städte verrotten, die Tier- und Pflanzenwelt beginnt sich zu verändern. Der Autor hat diese Idee neun Jahre später noch einmal aufgegriffen und daraus den SF-Roman *Die neue Erde* gemacht.

Zu den frühen SF-Autoren Deutschlands gehört auch Robert Heymann (1879–1963), einer der fruchtbarsten Autoren des Unterhal-

Wilhelminische Science Fiction –
Robert Heymanns *Der rote Komet*

tungsgenres in der ersten Hälfte des 20. Jahrhunderts. Im Püttmann Verlag Leipzig erschien 1909 seine Reihe *Wunder Zukunft. Romane aus dem dritten Jahrtausend.* Für eine Mark pro Band wurde diese Serie mit verlockenden Titelbildern in hoher Auflage auf den Markt gebracht. Der Verlag warb dafür mit folgenden Ausführungen: »Wunder der Zukunft – welch besserer Titel ließ sich wählen für Romane, die mit Benutzung aller Hypothesen, in unterhaltender Form Erzählungen aus einer Zeit bringen, die der Phantasie weitesten Spielraum läßt. Diese Serie, die in der modernen Literatur einzig in ihrer Art dasteht, bietet eine Unterhaltungslektüre, die kaum an Spannung übertroffen werden kann.«

Nun – so einzigartig war es nicht, was Heymann darbot, er plünderte einfach berühmte Kollegen. Band 2, *Der rote Komet*, war z. B. eine Anleihe bei H. G. Wells Roman *Im Jahre des Kometen*, der gerade ein Jahr vorher in Deutschland erschienen war, und die Nr. 3, *Die unter und über der Erde*, verrät schon im Titel, woher der Wind wehte – aus der *Zeitmaschine*, ebenfalls von H. G. Wells! Aber was waren die *Wunder der Zukunft* gegen jene Serie, die einst unter der Jugend des Kaiserreiches zu den beliebtesten Serien überhaupt gehörte – *Der Luftpirat und sein lenkbares Luftschiff*. Die Ergebnisse von Razzien und den Schülern sowie Aufzeichnungen von sogenannten Umtauschaktionen zeigen, daß zwischen 1909–1913 diese utopische Heftserie zu den zehn gefragtesten Reihen gehörte. *Der Luftpirat* erschien wahrscheinlich im Herbst des Jahres 1908 und lief bis zum Jahre 1911, in dieser Zeit brachte es die Serie auf 165 Titel. Für zehn Pfennige bekamen die Jugendlichen erregende Abenteuer im Reich der Luft geboten. In Deutschland herrschte 1908 das Zeppelinfieber, nach dem Unglück bei Echterdingen brach eine Welle der Hilfsbereitschaft aus, eine Volksspende finanzierte den Bau eines neuen Zeppelins. Es war also die richtige Zeit für den Start einer Zeppelin-Serie, aber *Der Luftpirat* war mehr als das – diverse Hefte spielten etwa im Weltraum und auf anderen Planeten. Die Popularität, die diese Heftreihe erreichte, schlug sich sogar in Peter Nicholls *SF-Encyclopedia* nieder, die 1979 in New York herauskam. Dr. Franz Rottensteiner verfaßte den Beitrag über diese frühe deutsche SF-Serie und schrieb u. a.: »Die deutsche Dime Novel-Serie, besser bekannt als *Kapitän Mors der Luftpirat*, wurde wahrscheinlich nur von einem Autor verfaßt. Verfasser und exakte Daten sind nicht bekannt, 1915 wurde die Reihe als Schund verboten. Sie beinhaltet viele Weltraumflüge, hatte einen interplanetarischen Hintergrund mit Abenteuern auf dem Mond und den Planeten des Sonnensystems. Der Held ist eine Nemo-ähnliche Figur. Sie ist die erste SF-Serie Deutschlands mit einem durchgehenden Helden im Stil von Perry Rhodan.«

Die Titelbilder der Serie stammen von H. Stache, dem Hauszeichner des Verlages (Berliner Druck- u. Verlagsgesellschaft). Sie sind eine wahre Augenweide, Titelkopf (Logo) und Zeichnung stellen eine ideale Einheit dar, die Leuchtkraft dieser Cover stellen die heutigen Titelbilder weit in den Schatten, die Farben sind satt und kräftig. Gegen Ende der Serie wurden die Cover dann allerdings einfarbig. Die eigentlichen Illustrationen auf den Umschlägen wirken heute naiv, sind aber besonders liebenswert und nostalgisch. Die Geschichten wurden pseudo-wissenschaftlich untermauert, auf dem hinteren Umschlag wurde die Kabine des Helden vorgestellt. Maschinen, Gestänge und Morseapparat bilden eine kuriose Mixtur zusammen mit dem Diwan des Kapitäns, vor dem ein Eisbärenfell liegt und neben dem ein Totenkopf auf dem Schreibtisch steht.

Meistens zeigte aber das Back-Cover eines der beiden Fahrzeuge des Luftpiraten, dazu gab es eine detaillierte Beschreibung. Neben Kapitän Mors agierten seine Ingenieure Stark und Terror sowie van Halen, Professor der Astronomie. Es gab tatsächlich einen Astronomen dieses Namens, und er machte just in dem Jahr, in dem *Der Luftpirat* am Kiosk erschien, von sich reden – G. E. Hale entdeckte 1908, daß die Sonnenflecke magnetische Felder aufwiesen. Die Handlung der Heftreihe selbst spielte zuerst nur auf der Erde: Kapitän Mors ist nur einer von vielen Luftpiraten, die mit ihren Luftschiffen die Atmosphäre unsicher machen, ein Verwandter von ROBUR DEM SIEGER, dem Helden des 1886 von Jules Verne geschriebenen Romans.

In Heft Nr. 16 (»Kapitän Mors und die Verräter«) hat man aber immerhin schon Signale vom Mars aufgefangen, die Nr. 32 (»Kapitän Mors' erste Fahrt im Weltenfahrzeug«) führt ihn dann schon bis an die Grenze der irdischen Lufthülle, und mit dem Abenteuer in Heft Nr. 38 (»Kapitän Mors' Feind im Weltraum«) beginnt endgültig die Eroberung des Weltalls. Das Titelbild zeigt den Helden im Ausguck, einem fremden Raumschiff entgegensehend. Durchaus folgerichtig spielten die nächsten Erlebnisse auf dem Mond, wo man Flechten, Moosen und aalartigen Kreaturen begegnete.

Immer weiter dehnte der Luftpirat seinen Aktionsradius aus. Er kämpft mit den Marsianern auf deren Kanälen, versteckt sich vor ihren metallenen Gleitern im Gebirge des roten Planeten, fliegt bis zum »Ende der Sonnenwelt« (in Nr. 84) und entdeckt faustgroße Dia-

Jules Vernes *Robur der Eroberer* diente als Vorbild – *Der Fliegerteufel*

manten auf dem Neptun. Riesige Flugsaurier greifen schließlich die Mannschaft an, als das Weltenfahrzeug auf dem Merkur landet (Nr. 142). Der maskierte Outsider tummelt sich im »Feuerstrom des Halley-Kometen«, erlebt Abenteuer auf dem Planeten Vulkan, auf dem Krystall-Mond des Saturns, ja die Reise geht sogar bis zum »Urmeer des fernsten Planeten« und führt auf eine »Schreckensfahrt durch den Sternschnuppenschwarm«.

Kurz vor Ausbruch des 1. Weltkrieges brachte der Verlag eine Neuauflage seiner Reihe heraus, die den Titel trug *Der Fliegerteufel.* Infolge des Knebelungsvertrages zwischen den Berliner Polizeibehörden und den Verlegern mußte die Neuauflage jedoch schon nach gut zwanzig Ausgaben wieder eingestellt werden. Als der Verlag für moderne Lektüre es mit dem *Luftpiraten* unter dem Deckmantel *Fliegerteufel* noch einmal versuchte, gab ein anderer Berliner Heftproduzent gleichzeitig eine Serie heraus, die sich – welch ein Zufall – *Hans Stark der Fliegerteufel* nannte.

Dem Helden mit diesem vielsagenden Namen stand ein Flug-Gefährt zur Verfügung, das über wahrhaft vielseitige Fähigkeiten verfügte. Er wurde als zehn Meter langes Vehikel beschrieben, welches durch die Kraft von 25 Batterien angetrieben wurde und dabei eine Geschwindigkeit von 400 km/h erreichte. Die Maschine konnte die Flügelpaare einziehen, sich in ein U-Boot verwandeln und am Bug trug es, wie im 2. Weltkrieg die Flugzeuge, eine Fratze, aus deren Nase und Ohren Funken sprühen konnten. Damit erschreckten die Helden einfältige Wüstensöhne, indische Aufrührer, mexikanische Insurgenten und blutrünstige Zulukaffern. Die Handlung spielt im Gegensatz zum *Luftpiraten* nur auf der Erde, doch Titel wie »Im Traumland«, »In den Untiefen des Kraters«, »Die Tunnelzerstörer« oder »Eine Spielhölle in der Luft« verraten etwas vom unorthodoxen Konzept dieser kleinformatigen Schmöker-Serie. Der starke Hans konnte aus allen Bedrängnissen mittels seines futuristischen Vehikels entkommen, schöne Frauen befreien oder Verbrecher überrumpeln. Von Verlagsseite klang das so: »Hans Stark, der Fliegerteufel, so nennt sich unser Held, der in genialer Weise als König der Lüfte das Flug-Problem gelöst hat. Hans Stark, der kühne, unerschrockene deutsche Jüngling, der als Pionier auf dem Gebiete der Fliegekunst bahnbrechend wirkt, ist in Wirklichkeit ein Held. Mit seinem Fliegerteufel, einem selbstkonstruierten Apparat von geheimnisvoller Technik, führt Hans Stark unsere Leser in ferne Welten.«

Während des 1. Weltkrieges erschienen dreißig Titel dieser Heftreihe, ehe sie von der Militärzensur verboten wurde, die gesamten Bestände und Druckplatten mußten vernichtet werden. Noch ausgefallener als *Hans Stark der Fliegerteufel* war eine andere, utopisch-angehauchte Serie, die zur gleichen Zeit wie *Hans Stark* erschien – die kleinen, unscheinbaren Heftchen trugen den Serientitel *Phil Morgan. Der Herr der Welt.*

Phil Morgan, der stets als »Herr der Welt« tituliert wird, flog mit dem bärenstarken Herbert Schranz und Jean, einem jungen Mann, von Kontinent zu Kontinent; Jean dient dabei als Identifikationsfigur für die jugendlichen Leser. Die Helden tummelten sich am Yukon und Baikal-See, sorgen für Ordnung in Shanghai und bei den malaiischen Menschenfressern.

Schließlich aber verließ auch Phil Morgan, wie der *Luftpirat*, den Bannkreis der Erde und begab sich mit Titeln wie »Auf dem Nordstern in fernen Welten«, »Im Dunstkreis des neuen Kometen«, »Die Geheimnisse auf dem Krater-Kometen« oder »Die Macht des Anti-Morganit« in den Weltraum.

Sein Transportmittel dabei nannte sich Phaenomen-Apparat, ein autoähnliches Schwebefahrzeug, das sich auf dem Land wie ein Auto und wie ein U-Boot im Wasser fortbewegen konnte. Zur Ausrüstung des modernen Helden gehören auch einige technische Hilfsmittel wie z. B. die sogenannte »Totlampe«, ein Strahler, mit dem man die Gegner betäuben oder töten konnte. Und wie heutzutage Superman, so fing auch Phil Morgan Pistolenkugeln mit der Hand auf. Entsprechend laut trommelte der Verlag mit einer wahren Kaskade von Superlativen für diese Heftreihe: »Einen modernen Faust könnte man unseren Romanhelden nennen, denn das ist er – der Herr der Welt! Er bändigt die Naturgewalten, fesselt die Elemente mit Hilfe der Wissenschaft. Das von ihm entdeckte Morganit verschafft ihm die Macht über die Welt. Er speist damit seinen genial konstruierten Phaenomen-Apparat, der ohne Tragflächen in der Luft schwebt und sich auf einen Druck mit dem Finger vom Erdboden erhebt. Mit Hilfe desselben unternimmt der *Herr der Welt* die kühnsten Fahrten, überwindet er spielend Raum und Zeit!«

Die Sittenromane

Was ist schlimmer als Pest und Cholera? Liest man die Artikel, die von Jugendschützern damals verfaßt wurden, dann gibt es nichts Schlimmeres als die verderbliche Schund- und Schmutzliteratur. Und schon in dieser Zeit ist jener Trend zu erkennen, der sich bis in die fünfziger Jahre fortsetzte – Brutalitäten wie Mord- und Totschlag eher zu tolerieren als all das, was man unter dem Stichwort Erotik zusammenfaßte. Fand das Hauen und Stechen im Namen der eigenen Nation statt, dann war derjenige, der die meisten Mitmenschen massakrierte, sogar ein nachahmenswerter Held.

Heftreihen wie *Intime Geschichten, Feine Havanna* oder *Aus dem Sumpf der Großstadt* atmen dagegen einen »Gifthauch aus, dessen verderbenbringende Schwaden sich über das gesamte Volkstum ausbreiten und die Vernichtung des edlen Gedankengutes bewirken« – so der Originalton einer Rede, die um 1910 auf einer Versammlung katholischer Mitglieder des Barromäusvereines in Köln gehalten wurde. Und weiter hieß es zu diesem Thema: »In breiter Front stürmen die Schmutzwellen über das deutsche Volk dahin, das literarische Gift sikkert in die breiten Massen ein. Die Schund- und Schmutzliteratur ist wie ein tiefes Moor, in dem Sumpfpflanzen gedeihen, aus dessen Tiefen giftige Sumpfblasen aufsteigen und in dessen unheilschwangerer Atmosphäre alles gesunde Leben erstickt. In dem Moor lauert der Tod. Daher müssen wir uns in voller Einmütigkeit zusammensetzen und dem großen Ziel entgegenstreben, der Rettung unseres Volkes aus geistig-sittlicher Not und die Bewahrung und Reinerhaltung unserer Jugend.« Die Anti-Schundkämpfer werden bei der Beschreibung des Unheils geradezu poetisch – Gifthauch, verderbenbringende Schwaden, literarisches Gift, giftige Sumpfblasen usw. Otto von Leixner, ein bekannter Literarturhistoriker, nebenbei Laienprediger in Berlin, prägte den Begriff der Schund- und Schmutzliteratur und äußerte sich dazu in einem damals vielgelesenen Pamphlet:

»Ich habe junge Menschen vor den Kioskauslagen beobachtet, sah das unreife Glimmern in den Augen unreifer Knaben, Flackerfeuer aus tief versunkenen Augen halbverlebter junger Männer. Halbverlegene oder wissende Blicke junger Mädchen. Das alles erweckte mein Mitleid mit diesen kranken Seelen, die Gift in sich aufnahmen, ein Gift, von dem sie sich nie mehr befreien können. Das Gift, schon in der Frühzeit eingesogen, schleicht sich in die Häuser, es zerstört die Gesundheit und vernichtet zahllose Ehen. Diese Hefte sind ein Geschwür am Körper der deutschen Presse, sie verpesten Berlin und Deutschland. Ich habe einen Mann gekannt, einen kräftigen, unverdorbenen Mann, der sich mit Kulturgeschichte befaßte und dadurch an erotische Schriften geriet. Als Forscher hatte er begonnen – mit Selbstmord endete er!«

Wie üblich, so hatte auch zum Thema Erotik fast jeder Heftverleger ein oder zwei Reihen in seinem Programm, die Produktpalette mußte ja komplett sein, um allen Bedürfnissen Genüge zu tun. Die meisten dieser gefürchteten Heftserien brachte der Verlag für moderne Lektüre, in Berlin ansässig, auf den Markt, etwa Reihen: *Mädchenhändler, Feine Havanna, Ein Warenhausmädchen, Intime Skizzen aus dem Leben, Liebfrauenromane* oder *Tropenglut und Leidenschaft.*

Wie sah es nun wirklich aus mit der Erotik im Groschenheft? Ja, es gab durchaus offene Sex-Szenen in diesen Heften. »In wilder Ehe« lautete z. B. ein Hefttitel der Serie *Intime Geschichten* – eine langweilige Geschichte und ein moralisches Lehrstück über die Vorteile der normalen Ehe gegenüber der wilden Ehe. Die einzige erotische Szene ist jene, in der der Ehebruch vollzogen wird, was sich wie folgt abspielt:

»In der Nacht brach er mit ihr die Ehe« – aus, Schluß!

Wirklich aufregend.

Generell ist zu sagen, Titel und Titelbild versprachen fast immer mehr, als der Text hielt, mit dem Cover und einem entsprechenden Titel wurden müde Stories aufgesext. Und so versteckte sich auch hinter Überschriften wie »Gittas stolze Büste«, »Mimsys Milchgeschäft« oder »Die Stiefeletten der Comtesse« harmlose Dutzendware. Fast könnte man den Eindruck haben, daß die Schundbekämpfer der Kaiserzeit und danach nie eines dieser so gehaßten Hefte gelesen haben, denn ihre vernichtenden Urteile und der tatsächliche Inhalt dieser Bändchen klaffen einfach zu weit auseinander. Tatsächlich versprachen die Verleger zumeist mehr, als ihre Publikationen dann zu halten vermochten. In dem Heft »Ein Mädchen aus dem Volke« aus der Se-

Sittenverderbnis,
so weit das Auge reicht –
die Serie *Mädchenhändler*

rie mit dem spektakulären Titel *Ein Blick durch's Schlüsselloch* geht es um einen Maler, der sein Modell anbetet, aber eine reiche Partie machen soll. Selbstverständlich bekommt das arme Mädchen aus dem Volke seinen Geliebten zum Schluß. Hier eine anstößige Szene aus der Novelle:

»Unter dem faltigen Oberkleid wogte ein süß gerundeter keuscher Busen – unter dem Saum des Kleides war ein ganz kleines Stück der Beine zu sehen – still wurde es in der Wohnung, eine Lampe erlosch, aber im Schlafzimmer brannte eine Flamme, die loderte hell, es war die Flamme der Liebe.«

Der Dresdner Roman Verlag warb für seine Serie *Kleine Amüsante Bibliothek* mit dem Slogan: »Die fesselnde Schreibweise, der feinpikante Inhalt der Bändchen werden der Reihe viele Freunde schaffen.«

Und auch hier versprechen die Titel: »Der schwarze Liebste«, »Adolar der Tugendbold« oder »Lilli das fesche Laufmädchen« mehr, als sie halten. Höhepunkt schlüpfriger Erotik in »Die Abenteuerinnen«, einem Heft der Reihe *Kleine Amüsante Bibliothek*, ist folgender Striptease: »Sie hatte die Beine übereinandergeschlagen, und ganz diskret lugte ein Stück schwarzseidenen durchbrochenen Strumpfes unter dem weiß-karierten Sportrock hervor.«

Und als letztes Beispiel für die Verruchtheit dieser Schmutzliteratur ein kleiner Auszug aus »Semiramis, die heiße Blume Ägyptens«, eine Erzählung, die im Rahmen der Serie *Frauen der Liebe* erschien. Dort heißt es:

»Mit einem leisen, beinah wohligen Seufzer überließ sie sich der brünstigen Umarmung und, ganz in der Macht seines Willens hinübergleitend, verlor sie das Bewußtsein von Zeit und Raum.«

Ebenfalls sehr beliebt war die erotische »Humoreske«. Die Form der kleinen, lustigen Erzählung war im alten Kaiserreich ungeheuer beliebt. In diesem Zusammenhang verband man gern Humor mit Erotik. In der obigen Novelle von den »Abenteuerinnen« aus der *Kleinen Amüsanten Bibliothek* geht es z. B. um ein Mädchen, das sich von einem Bankdirektor aushalten läßt. Als er jedoch dahinterkommt, daß sie ihn auch noch mit einem Studenten betrügt, bleibt sein Scheck aus. Ihre Freundin erfährt nun Intimes vom Exfreund:

»Ach, Lilli, in eener Art bin ick ja froh, det kann ick Dir sagen. Geekelt hab ick mir manchmal vor det Scheusal. Eenmal hat er die Zähne bei mir vergessen, und seit der Zeit bin ick allemal seekrank geworden, wenn er mir küssen wollte.«

Pornographie zur Wende des Jahrhunderts –
Die Laster und Geheimnisse der Prostitution

Die jugendlichen Käufer reagierten positiv auf die Kombination von Eros und Gelächter. Bei einer Schülerumfrage, die in den dreißiger Jahren vom deutschen Lehrerverband durchgeführt wurde, bekannte ein Junge aus einer pommerschen Kleinstadt: »Ich lese gern Schmöker, *Frank Allan, der Rächer der Enterbten.* Es sind spannende Erzählungen dabei. Auch Kriegsgeschichten lese ich gern. Heimliches kommt nicht in Frage. Liebesgeschichten sind knorke. Da gibt es ein Geküsse und Geknutsche. Das macht Spaß zu lesen. Kostet bloß 50 Pf. Wahre Geschichten, *Uhu* und Aufklärungshefte sind auch knorke, es sind schöne Bilder darauf.«

In den vielen Gerichtsurteilen aus jenen Jahren finden sich kuriose Auslegungen der verschiedenen aneinandergrenzenden Genres. Zwischen Schmacht- und Sittenromanen sei die Grenze fließend, stellte ein juristischer Sittenwächter lakonisch fest. Ein anderer formulierte schon exakter: »Eine Schmutzschrift muß wertlos sein und wegen der Unreinlichkeit des Inhaltes Widerwillen erregen.« Und in einem weiteren Urteilsspruch hieß es:

»Die Abbildungen geben zu Bedenken Anlaß, in Heft 16, Seite 5, läßt die Königin Karoline von England sich von einem Herrn umfangen, der Rock ist hochgehoben und die nackten Beine sichtbar!« Des weiteren nahm die Oberprüfstelle Anstoß an einer Szene, in der eine dritte Person ein Liebespaar beobachtet, wobei gesagt wird: »Sie konnte die bloßen Beine des Mädchens sehen. Der Verfasser hätte hier abschwächen können und sollen, er hätte dadurch der Verständlichkeit keinen Abbruch getan.« Beim Thema Illustrationen schließlich verstieg man sich sogar zu der Behauptung: »Die Schmutzigkeit einer Abbildung steckt den Worttext an und macht das Heft *schmutzig.*«

Da Beamte, wenn sie sich schon einmal dazu aufrafften, derartige Themen genauer zu beleuchten, stets gründlich vorgingen, lautete dann auch folgerichtig das Urteil der Preußischen Oberprüfstelle: »In einer Publikation, die von der ersten bis zur letzten Seite mit sexuellem Aroma durchtränkt ist, entwerten sich Bild und Text gegenseitig.«

Es hagelte Verbote, aber trotzdem war der frivole Roman nicht umzubringen. Ein Schreibwarenhändler machte damals in einer Zeitschrift seinem Herzen Luft, als er schrieb:

»Unsere Geschäfte sollen Schundliteratur nicht verkaufen, und wer sie verkauft, über den soll ein Boykott verhängt werden. Das ist unbillig. Sind die Hefte derart, daß sie Schaden an der Moral der Jugend anrichten, so gehe man gegen die Verleger vor und konfisziere die Schmöker. Sind sie jedoch käuflich zu erwerben, so kann man es den

Ladenbesitzern nicht verdenken, wenn sie auch Groschenhefte führen. Die Herren am grünen Tisch können leicht reden, wie sieht es aber in der Wirklichkeit aus? Ich habe mich an die Richtlinien gehalten, der Erfolg ist, daß ich die halbwüchsige Jugend als Käufer verloren habe! Von jungen Mädchen wurden die *Intimen Geschichten* verlangt, ich empfahl die Hefte der *Wiesbadener Volksbücher* oder *Meyers Volksbibliothek*, und es gelang mir ab und zu, eines dieser Jugendhefte zu verkaufen. Dann kamen die Mädchen wieder, und als ich wieder Exemplare der guten Jugendliteratur empfahl, hieß es nein, das war eine langweilige, fade Geschichte, die Sie mir das letzte Mal aufgehängt haben. In den seltensten Fällen gelang es mir, jemand von der Wertlosigkeit solcher Schundromane zu überzeugen, und wenn, dann nur bei Mädchen, die jungen ›Herren‹ waren nie zu überzeugen. Wenn ich sagte, ich hätte so schöne Geschichten in ihrer lieben Muttersprache, ob sie die denn schon alle kennen würden, so meinten die Jugendlichen, die lesen sie nur, wenn sie müßten, das wäre langweiliges Zeug!«

Richtig gesäubert von jeglicher Erotik war die deutsche Unterhaltungsliteratur nur einmal, während der Herrschaft der Braunhemden im Tausendjährigen Reich. Kaum aber war der Spuk verflogen, da erhob die Hydra des Eros schon wieder ihr züngelndes Haupt. Als die Währungsreform im Jahre 1948 eine vernünftige Planung und Produktion wieder erlaubte, begannen sofort die Druckerpressen anzulaufen.

Noch im gleichen Jahr erschienen die einschlägigen Serien: *Casanovas Abenteuer* und *Glück und Elend berühmter Frauen.* Ein Jahr später gesellten sich die Heftreihen *Die Erotik der Weltraumschiffahrt, Novels de Paris, Der neue Sittenroman* hinzu. Von Jahr zu Jahr stieg die Anzahl jener Serien, die als besonderen Anreiz den verführerischen Aufdruck »Verkauf an Jugendliche verboten« trugen.

Im Jahre eins nach der Währungsreform waren es zwei, ein Jahr später vier, 1950 erschienen gar acht Serien dieses Genres, und bis 1953 stieg die Gesamtanzahl der lustbetonten Heftreihen auf ca. 35 an.

Die Serientitel waren nicht immer einfallsreich, man benutzte Adjektive wie illustrierter, aktueller, klassischer, neuer, intimer, interessanter oder internationaler und setzte einfach Sitten- oder Liebesroman dahinter. Nur ein paar Kleinverlage wichen vom gängigen Rezept ab und kreierten Reihentitel wie *Liebesabenteuer im Orient, Orientalische Leidenschaft, Melodie* und *Liebe aus aller Welt* oder *Die Erotik der Weltraumschiffahrt.*

Auch versuchten die Heftproduzenten nach 1945 wieder, die potentiellen Käufer mit schlüpfrigen Titeln anzulocken, und ihnen damit mehr zu versprechen, als sie zu bieten hatten. Ich entsinne mich noch gut, wie wir am Kiosk standen und die verheißungsvollen Überschriften lasen: »Das Freudenhaus im Herzen Asiens«, »Ich liebe eine Kannibalin«, »Lieben sie mich, Frau Goebbels«, »Sucht eines Satans«, »Ausschweifungen eines Irren«, »Verderbtheit in Tibet«, »Lepra, Leidenschaft und Liebe«, »Quer durch Europas Betten« usw.

Die Verlagshäuser warben auch gern mit negativen Aspekten und stellten deutlich heraus, daß dieses oder jenes Heft »örtlich beschlagnahmt« worden sei.

Dazu kam die optische Verlockung durch die jeweiligen Titelbilder. Die damaligen Cover bestanden oft lediglich aus Reproduktionen bekannter Gemälde. Typisch dafür die Titelbilder des Ulmer Honika Verlages, der 1950 eine Heftreihe namens *Balzacs dreißig tolldreiste Geschichten* herausbrachte. Auf einem Heft prangte z. B. ein Ausschnitt des Rubens-Bildes *Der Leukippiden Raub.* Man sieht fast bildfüllend die nackte, gerundete Schöne und die Arme der zwei Männer, die sie hochheben.

Das Anwachsen der erotikinfizierten Heftreihen ging einher mit einem generellen Anstieg der Groschenheftserien. Im Jahre 1953 gab es in der Bundesrepublik bereits 162 verschiedene Serien! Dies führte dazu, daß die Jugendbeschützer erneut auf die Barrikaden gingen und zur Schundhatz bliesen. Und diesmal schafften sie, was ihnen damals bei Nick Carter nicht gelungen war: Am 9. Juni 1953 erließ der Bundestag das »Gesetz über die Verbreitung jugendgefährdenden Schrifttums«.

Das Darwinsche Prinzip vom Überleben der Stärksten scheint auch bei Groschenheften zu funktionieren, jedenfalls gab es ein paar Jahre später nur noch lumpige 79 Serien in der Bundesrepublik.

Erst in den siebziger Jahren unseres Jahrhunderts erschienen erotische Heftreihen, die dem Feindbild entsprachen, das die Jugendschützer zwanzig Jahre vorher aufgebaut hatten, etwa die Serie *Callgirl 2000* aus Rastatt oder die Reihe *Rote Laterne, Schicksale auf der Straße der Liebe* aus dem gleichen Verlag. Diese Schmöker müssen ziemlich erfolgreich gewesen sein, erreichten sie doch z. T. über tausend Nummern. Die einzelnen Hefttitel sind natürlich viel greller und aggressiver als all das, was vorher erschienen ist, hier hieß es nun ungleich direkter: »Neue Konkurrenz der Strichbienen«, »Als Girl in der Peepshow« oder »Zwanzig Freier für die sanfte Wilma«.

Verbrennt sie, vernichtet sie

Die Zensur

Die Hetzjagd auf Groschenhefte setzte bereits Ende des 19. Jahrhunderts ein. Nach dem Sieg der Deutschen gegen die Franzosen in den Jahren 1870/71 brach eine Phase der nationalen Begeisterung aus; deutsche Helden sollten im Mittelpunkt des jugendlichen Interesses stehen und nicht Rothäute oder Piraten, die sich in den kleinen Heftchen der sogenannten Volksbibliotheken tummelten. Die Bewegung gegen die Volksbibliotheken flaute jedoch wieder ab und bekam erst neue Nahrung, als Quarthefte wie *Buffalo Bill* erschienen. Diverse Verleger zogen sofort nach, und bald gab es etwa zwanzig dieser großen Heftserien. Vom Inhalt und den Titelbildern her wirkten sie für damalige Verhältnisse ungleich realistischer und brutaler als die Heftchen der Volksbibliotheken.

Und so brach ein Sturm der Entrüstung los. Schon 1908 gab die bayrische Staatsregierung einen Erlaß gegen die Schundliteratur heraus, Württemberg folgte ein Jahr später und verbot den Verkauf von Groschenheften in allen Bahnhöfen. Im gleichen Jahr wurde man auch in Preußen aktiv und erwog eine Abänderung des Paragraphen 184 des Reichstrafgesetzbuches – ein Versuch, der unter dem volkstümlichen Namen »Lex Nick Carter« bekannt wurde.

Formulierungen wie »Afterliteratur« wurden geprägt. In Köln erschien eine Zeitschrift, die sich speziell mit diesem Thema befaßte, unter dem Titel *Der Wächter für Jugendschriften.*

Die deutsche Dichter-Gedächtnisstiftung startete im Oktober des Jahres 1910 in Hamburg eine Anti-Schundausstellung, die danach in ganz Deutschland gezeigt wurde. Jene Ausstellung rüttelte das Establishment auf, man begann überall gegen die Volksseuche vorzugehen.

Eine Flut von Broschüren erschien, die sich mit den Heften auseinandersetzten. Besonders bekannt wurde Dr. E. Schultzes *Die Schundliteratur, ihr Wesen, ihre Folgen, ihre Bekämpfung* und das Werk des Hamburger Lehrers H. Wolgast *Das Elend unserer Jugendliteratur.*

Diese Tendenzschriften hatten in Deutschland die gleiche Wirkung, die in den fünfziger Jahren in den USA Frederic Werthams Buch *Seduction of the Innocent* für die Comics hatte. Die katholische Kirche und ihre Organisationen taten sich beim Kampf gegen den Drachen besonders hervor.

Die Streitschriften kolportierten immer wieder die Behauptung, daß im Deutschen Reich jährlich fünfzig Millionen Mark für Groschenhefte ausgegeben würden. Eine schier unglaubliche Summe, die dann auch prompt von allen Verlegern angezweifelt wurde. In die Phalanx jener Ritter, die gegen die Windmühlenflügel des Schundes anritten, reihte sich auch *Der Volkswart* ein, das Organ des Verbandes zur Bekämpfung der öffentlichen Unsittlichkeit. Man ging mit starken Worten gegen den Feind vor, da hieß es unter anderem »das Ungeheuer der Schund- und Schmutzliteratur frißt am Mark unseres Volkes« und »es geht darum, die Zukunft des deutschen Volkes in geistiger Sicht zu sichern«. Der Vertrieb und die Produktion von Romanheften wurde regelmäßig mit dem Betrieb eines Bordells verglichen.

Die negativen Werturteile wuchsen ins Gigantische, die pathetischen Aussagen wurden von den Zeitungen begierig aufgenommen und weitergereicht. Plötzlich schien es in Deutschland nichts Wichtigeres zu geben als die Schundseuche.

Das Thema »Verbrechen durch die Lektüre von Groschenheften« war in diesen Jahren ein wichtiger Beweis für die These von der Schädlichkeit der Heftliteratur. Die Schlagzeilen lauteten entsprechend – so sollte ein sechzehnjähriger Bursche einen Mitschüler erdrosselt haben, als er *Texas Jack* imitieren wollte. In Berlin wurde eine Bande festgenommen, die gestand, daß Nick Carter- und Sherlock Holmes-Hefte sie verführt hätten. Ein Gymnasiast legte im Lehrerzimmer einen Stapel Sherlock Holmes-Hefte auf das Pult und erschoß sich. In Hamburg wurden sieben junge Einbrecher verurteilt, die angaben, Sherlock Holmes-Hefte hätten ihnen als Anleitungen zu ihren Taten gedient. Im Mai des Jahres 1909 versuchte ein Wüstling seine Mutter zu töten. Vor Gericht wurde festgestellt, daß Nick Carter und ähnliche Sudeleien die Lektüre gewesen waren, die ihn zu dieser Greueltat verleitet hätten. Die Beweise für einen Zusammenhang schienen auf der Hand zu liegen. So veröffentlichte Hans Hyan, ein damals vielgelesener Kriminalschriftsteller, 1909 im Selbstverlag eine kleine Broschüre mit dem Titel *Sherlock Holmes als Erzieher.* Er versuchte darin diesem Popanz zu Leibe zu gehen. Hyan berichtete von einem Dialog, den er im Berliner Gerichtsgebäude belauscht hatte. Ein gewiefter Gauner beriet einen jungen Burschen, wie er sich vor Gericht verhalten solle: »›Vor all'n sei ja nich frech! Janz kleen mußte wern. Un denn natierlich 'n Trick! Das heißt, das mit auf'n Kopp jefallen, det zieht heitzutage nich mehr. Aba for euch Raben (jugendliche Verbrecher), da gibbts ja heite wat anders un viel wat bessa's soja. Euch vaderbt die Lektiere. Die bunten Hefte, die weest doch, Detektivjeschichten un Indjanerromane un so! Haste doch jelesen, was?‹

›Aba feste! Sowat lest sich scheen! Mein Vata kooft ihr imma. Na wat soll ich denn sagen?‹

›Du sagst, du hast soville sonne Lektiere jelesen, dass du janz demlich davon jeworden bist im Kopp. Also, du hättst lauter sonne Hefte jelesen un da werste janz meschugge von jeworden. Zuletzt wußteste schon janich mehr, wer dir rausjelassen hat, sagste. Du bist so varrickt jewesen, detste de janze Nacht von lauta Vabrechen jetraimt hast, un am Tage hat's dir ooch keene Ruhe nich jelassen. Bis du's schließlich ebenso jemacht hast un bist 'n Vabrecher jeworden! Un denn schluchzste und quetschst solange, bis richtje Tränen komm. Man muß et fermlich riechen, wie die Reie dir packt. Besonders det mit Sherlock Holmessen, det vajiß nich, det zieht augenblicklich am allermeisten.‹«

In der offiziellen Gerichtsberichterstattung stand später über den Fall: »Wieder einmal wurde ein junger Bursche durch die Lektüre der Sherlock Holmes-Literatur zum Verbrecher.«

Auf die Verlage und Zeitschriftenhändler wurde in der Kaiserzeit ein wahrer Psychoterror ausgeübt. Die Lehrer verteilten z. B. Flugblätter an die Schüler, in denen die Folgen der Lektüre von Groschenheften in den düstersten Farben geschildert wurden. Es wurde den Kindern auferlegt, diese Blätter im Elternhaus abzugeben; die Rückkopplung erfolgte über Aufsätze, die die Schüler schreiben mußten – was sagten meine Eltern dazu?

Ein zehnjähriger Volksschüler in Hamburg schrieb:

»Meine Mutter und mein Vater sagten: ›Junge, Junge, hast du mal son Buch; ich hau dich, bis du an der Erde liegst. Und dann wird es ins Feuer gesteckt.‹ Ich hatte gestern mittag gleich, als ich nach Hause kam, den Brief abgegeben. Mein Vater hat auch noch gesagt: ›Wenn du en Bok häst, denn kriegst du links und rechts welk um de Ohr.‹«

Ein anderer Leidtragender berichtete: »Abends, als Papa nach Hause gekommen ist, da habe ich meinem Vater den Brief gegeben, da haben Mama und Papa ihn gelesen. Und als die beiden ihn gelesen hatten, da sagte der Papa: ›Kommst du mit den Inschebüchern nach

Hause, dann hau ich dich damit um die Ohren, und dann reiß ich sie kaputt und brenn sie auf‹. Und zu meinem Bruder hat er gesagt: ›Du, mark di dat ok‹«.

Der Terror ging so weit, daß sogar Erwachsene sich nicht trauten, Nick Carter oder Ethel King in der Öffentlichkeit zu lesen. In den Papierwarenhandlungen waren große Papierkörbe aufgestellt, in denen man die verräterischen, bunten Umschläge verschwinden ließ, und konnte dann ungestört in der Straßenbahn seinem Laster frönen.

Die Autoritäten malten schwarz in schwarz, aber was hatten sie eigentlich dagegenzusetzen? Man hatte die glorreiche Idee, den Teufel mit dem Beelzebub auszutreiben, sprich, die »schlechten« Groschenhefte durch »gute« Groschenhefte zu verdrängen. Von katholischer Seite hieß es dazu: »Unsere Jugend wird am wirksamsten beeinflußt durch Schriften, die das katholische Lebensideal verherrlichen. Gerade in unserer katholischen schönen Literatur steckt gesunder Idealismus und gesunde Menschenkraft.«

Die Lehrerschaft wieder forderte, Jugendschriften sollten eine sittliche oder belehrende Tendenz haben, der jugendlichen Fassungskraft nach Form und Inhalt entsprechen, anregend wirken, dabei aber keinesfalls aufregend geschrieben sein.

Zu den ersten Vorkämpfern für das Gute im Heftmilieu zählten die *Volksbücher der Deutschen Dichter-Gedächtnis-Stiftung*, die in Hamburg ab 1905 herausgegeben wurden. Mit 25 Pf pro Heft waren sie teurer als die schmutzige Konkurrenz, dazu kamen Titel wie: »Die Mutter«, »Die drei Großmächte« oder »Die Verlobung in St. Domingo«. Damit konnte man einen Leser nicht von Ethel King oder Wanda von Brannburg weglocken.

Der Reutlinger Enßlin Verlag brachte ab 1908 die *Bunten Bücher* auf den Markt. Die Hefte waren für 12–14jährige Schüler gedacht, sie kosteten nur 10 Pf, und zu den Textlieferanten gehörten so renommierte Autoren wie E. T. A. Hoffmann, W. v. Horn, Fr. Gerstäcker oder Sven Hedin. Zusammen mit den *Bunten Jugendbüchern* und der *Deutschen Jugendbücherei* bildeten diese drei Serien das erfolgreiche Triumvirat der Anti-Schundreihen. Sie hatten einen bescheidenen Erfolg, konnten sich aber nicht mit den Verkaufszahlen eines Sherlock Holmes messen. Ihnen fehlte einfach das Wichtigste – ein Serienheld, mit dem sich die jugendlichen Leser identifizieren konnten.

Die *Bunten Jugendbücher* erschienen ebenfalls bei Enßlin & Laiblin in Reutlingen, sie waren für die jüngeren Leser (6–12 Jahre) gedacht. Ab 1911 produzierte der Verlag diese Serie, sie ähnelte in Form und Ausstattung den *Bunten Büchern*, war aber in der Textauswahl einfacher. Beide Serien des Enßlin Verlages waren aber immerhin so erfolgreich, daß sie sich bis in die dreißiger Jahre hinein auf dem Markt zu halten vermochten. Noch länger lieferbar war die *Deutsche Jugendbücherei*, die im Berliner Hillger Verlag herauskam. Diese Serie lief von 1909–1943 und wurde nach 1945 noch einmal kurzzeitig aktiviert. Die Cover waren ansprechend gestaltet und die Texte stammten von prominenten Abenteuerschriftstellern wie Cooper, Sealsfield, Gerstäcker oder Defoe.

Im großen und ganzen aber schlugen all die enthusiastisch gestarteten Versuche, den verachteten Groschenheftverlegern das Wasser abzugraben, fehl. Einige Pädagogen erkannten sogar die Ursache und verkündigten, die neue Jugendliteratur sei zu eintönig, das Ende könne man schon am Anfang erraten. Die Tendenz trete aufdringlich und pedantisch hervor, die handelnden Figuren seien unwirklich und überideal. Es wäre schön, wenn man die Schundliteratur durch einwandfreie Literatur ersetzen könne, aber so wie es jetzt gemacht werde, gehe es nicht! Die wackeren Kämpfer von der Anti-Schundfront mußten immer wieder feststellen, daß ihre Ideen sich in der rauhen Wirklichkeit nur sehr schwer umsetzen ließen. Neid und Resignation klingt aus vielen Stellungahmen zu diesem Thema heraus: »Wenn man die Leselust weckt und nichts für ihre Befriedigung tut, so wird der Lesedurst mit schmutzigem und unreinem Wasser gestillt. Der Lesedurstige, der sich an solche Quellen gewöhnt hat, empfindet es schließlich gar nicht mehr, daß er aus der Gosse trinkt. Und das bei einem Volk, das sich einmal rühmte, das Volk der Dichter und Denker zu sein.

Jede Woche erscheinen Dutzende von Schundliteratur-Sammlungen, von denen jedes Heft mühelos einen Ansatz erzielt, der bei einem guten Buch als außerordentlicher Erfolg gelten würde. So brachte es z. B. ›Der Scharfrichter von Berlin‹ binnen Jahresfrist zu einem Umsatz von drei Millionen Mark, der ›Schinderhannes‹, ein weiterer Kolportageroman, erzielte einen Umsatz von zwei Millionen. Welcher anständige Schriftsteller kann sich auch nur im entferntesten in seiner Wirksamkeit mit einem solchen Erfolg messen?«

Ein anderer, verzweifelter Streiter teilte seinen Mitkämpfern mit: »Der Durchschnittsabsatz der Schundliteraturhefte ist meines Wissens von keinem einzigen der erfolgreichsten Bücher der wirklich schönen Literatur im letzten Jahrzehnt erreicht worden. Von allen Seiten wird dem Volk gute Literatur zu billigen Preisen angeboten, doch trotz aller geschickten Mimikry, die das äußere Gewand des Feindes sich ausborgte, blieben die Erfolge beschränkt. Kein Verleger, der diesen Kampf aufgenommen hat, ist mit dem Ergebnis zufrieden. Sie müssen wieder und wieder erfahren, daß der kleine Mann bei seiner Lieblingslektüre verharrt.«

Manche klardenkenden Köpfe jener Zeit erkannten sogar schon, daß der Kampf überhaupt nicht gewonnen werden konnte, weil die finanziellen Mittel dafür nicht ausreichen würden:

»Soll man sich in der Ausstattung an die schlechte anschließen? Zuweilen wird dies gefordert. Und es scheint fast, als wenn gar nichts anderes möglich sei, wenn man mit Nick Carter in Wettbewerb treten will. Ist es überhaupt möglich, ein Heft in anständiger Ausstattung in dieser Preislage zu liefern? Die Herstellungskosten dürfen allerhöchstens die Hälfte des Verkaufspreises betragen, weil der Verkäufer 40 % für seine Bemühungen beansprucht. Anderthalb eng bedruckte Bogen auf holzfreiem Papier mit anständigem Umschlag und einem erträglichen Bild für 5 Pfennige zu liefern ist aber so gut wie ausgeschlossen. Die Auflage müßte 100 000 Exemplare betragen, um die Kosten zu decken, von Gewinn würde keine Rede sein, und an eine Honorarzahlung an den Autor wäre auch nicht zu denken. Man kann also die Schundhefte durch gute Heftliteratur nur ersetzen, wenn man sich mit dem Gedanken vertraut macht, unaufhörlich bedeutende Zuschüsse zu leisten! Damit ist dieses ganze Vorhaben unüberlegt und undurchführbar.«

Richard Nordhausen, ein damals bekannter Romanautor, übte erstaunliche Selbstkritik, als er ein weiteres Problem der Antischundliteratur ansprach:

»Vielleicht erklären sich die bisherigen Fehlschläge auch daraus, daß bisher zu wenig Rücksicht auf Sinnesart und Wünsche der jugendlichen Leser genommen wurde? Im Theater empfinden wir alle wieder jugendlich, verlangen von der Kunst, was junge Völker von ihr begehren – Abenteuer und schillernde Schönheit, Heldentum und Edelmut, kurzum all das, was das spießbürgerliche graue Einerlei vergessen läßt! Genau die gleiche Sensation will unser Volk in seinen Heften genießen. Was das Alltagsleben nicht bietet, das soll ihm aus diesen Heften entgegenschlagen. Es braucht nach harter Arbeit die starke Kost nötiger als wir. Wenn es sich aus ermüdender Wirklichkeit auf eine Stunde in das Traumreich der Phantasie hinüberrettet, dann will es seltsame Dinge schauen.«

Nicht alle Experten waren damals also betriebsblind. Nordhausen wagte sogar einen tollkühnen Vergleich zwischen dem spektakulären Geschehen auf der Bühne und den Erlebnissen der Helden im Groschenroman. Man erkannte auch klar, warum sich die Heftserien so etablieren konnten: »Die heutige Trivialliteratur steht in keinem Zusammenhang mehr mit der zeitgenössischen Literatur, daran ist die hochgelobte Literatur aber mitschuldig, denn sie hat sich immer weiter vom Volksempfinden entfernt, ist zur Artisten- und Ästhetenliteratur geworden.«

Zu dem verfehlten Konzept der Anti-Schundhefte kam noch die Uneinigkeit der Agitatoren. Sie verzettelten sich, schossen über das Ziel hinaus, warfen alles in einen Topf; die Anschauungen darüber, was Schundliteratur sei, gingen weit auseinander. Die selbsternannten Jugendschützer hatten regelrechte Definitionsschwierigkeiten. Der katholische Borromäusverein teilte die Schmöker in ästhetischen und ethischen Schund ein. Anhand eines abschreckenden Beispiels aus der Sherlock Holmes-Reihe (»Der Mädchenmörder von Boston«) erfand man sogar noch die sexuelle Schundliteratur, auf deren Boden das Sexualverbrechen angeblich gedieh.

Die Hamburger Jugendschriften-Warte kennzeichnete die verhaßten Hefte wie folgt: »Sie befriedigen blinde Triebe der Masse, sie veredeln die niederen Triebe nicht, sondern entfesseln die Naturtriebe!«

Wer hätte gedacht, daß die Verleger in Berlin und Dresden eine derartige Macht in ihren Händen hielten?

Im Gleichschritt marsch!

Der 1. Weltkrieg als Abenteuer

Der Krieg als spannendes Abenteuer, als eine Art Indianerspiel für Erwachsene, so wurde der Völkermord vor den großen Materialschlachten der Neuzeit in der Unterhaltungsliteratur dargestellt. Man muß allerdings festhalten, daß vor dem Ausbruch des Krieges dieses Thema im Groschenheft-Milieu keine große Rolle spielte.

Bis zum Mord von Sarajevo waren in Deutschland höchstens sechs einschlägige Heftreihen erschienen. Eine der erfolgreichsten Serien war wohl *Unter deutscher Flagge*. Die in Preußisch-Blau gehaltenen Hefte des Volksverlages in Berlin waren sogar bei Lehrern und Behörden wohl gelitten.

Und natürlich war auch das großformatige Heft im Reigen der wehrertüchtigenden Serien vertreten. Bei Münchmeyer in Dresden erschien *Hurra. Soldatenstreiche aus Krieg und Frieden.*

Soldatenstreiche, das klingt fast so wie Lausbubenstreiche. Das Logo zeigt auf der einen Seite einen Infanteristen mit Pickelhaube und aufgepflanztem Bajonett, auf der anderen Seite ein heranbrausendes Schlachtschiff. In der Mitte prangt der schwarze, preußische Adler, und auf seiner Brust stand in großen Lettern HURRA!

Es ist interessant zu sehen, wie dieser Titel optisch präsentiert wurde. »Hurra« war das dominierende Wort, Soldatenstreiche war etwas versetzt darunter montiert und nur noch halb so groß geschrieben, ganz unten am Rand des Titelkopfes stand – noch kleiner – aus Krieg und Frieden!

Später wurde übrigens der Serientitel in *Hurra. Durch alle Welt* umgeändert.

Die Cover selber waren eine Augenweide, der Verlag wies in seiner Werbung ausdrücklich darauf hin, daß die Titelbilder vom Militärmaler Adolf Wald stammten. Walds Titelbilder kann man mit denen Prof. A. Roloffs vergleichen. Sie waren gut aufgebaut und ausgeführt und erfüllten damit in idealer Weise den Zweck eines Heft-Covers – am

Kiosk die Aufmerksamkeit des potentiellen Käufers auf sich zu lenken.

Das Cover der Nummer 29 (»Die Falschmünzer-Kasematte«) zeigte aber auch, wie mit sadistischen Darstellungen die Antipathie gegenüber Frankreich geschürt wurde. Auf dem Titelbild sieht man drei deutsche Soldaten, einer hängt gefesselt über dem Herdfeuer, der zweite baumelt von der Decke herab, an seinen Füßen hängt ein zentnerschweres Gewicht, und der dritte ist schließlich sogar gekreuzigt worden. In der Bildmitte steht der welsche Übeltäter und weidet sich an ihren Schmerzen.

Die strammdeutschen Titel der einzelnen Hefte verraten einiges von der darin vertretenden Tendenz: »Die Franzosenhexe«, »Deutschland in der Luft voran«, »Getreu bis in den Tod«, »Im Kampf gegen den Erzfeind«, um nur einige Beispiele zu nennen. Ebenfalls im Verlag für Volksliteratur und Kunst, Berlin (im folgenden einfach Volksverlag genannt) kam vor dem 1. Weltkrieg die Heftreihe *Klar zum Gefecht* heraus. In der Werbung beschrieb der Verlag das Anliegen der Reihe so: »Klar zum Gefecht wird die Schicksale, Abenteuer und Heldentaten berühmter Seefahrer, Entdecker und Eroberer aller Länder und Zeiten in lebendiger, packender Darstellung aufgrund historischer Tatsachen behandeln.«

Der sich auf deutscher und französischer Seite aufschaukelnde Chauvinismus führte dazu, daß sich auch die Groschenheftproduzenten auf einen kommenden Krieg mehr und mehr einzustellen begannen. Über die als neue Folge fortgeführte Reihe *Klar zum Gefecht* tönte der Verlag jetzt: »Als Fortsetzung erscheint eine Reihe von Erzählungen, die neuere Ereignisse aus der Geschichte der deutschen Flotte und des deutschen Heeres behandelt. Die markigen Heldengestalten aus der Entwicklung unserer aufblühenden, sich kraftvoll entwickelnden Seemacht sowie unserer tapferen Armee, der anerkannt besten der Erde, und ihre Taten zu Kriegs- und Friedenszeiten werden dem Leser vor Augen geführt.«

Jetzt erschienen nicht mehr Geschichten über den großen Kurfürsten oder die Hanse, sondern Erzählungen mit Titeln wie: »Deutsche vor die Front«, »Im Kugelregen von St. Privat«, »Um die Fahne von Dijon« u. ä. Und natürlich siegte stets die *anerkannt beste Armee der Erde*! Es lag etwas in der Luft in diesen Jahren, das spürte jeder, auch die Verleger. Dem »Ringen der Völker«, wie es immer so schön poetisch hieß, war auch die Serie *Unter Fahnen und Standarten* gewidmet. »Erzählungen aus den Befreiungskriegen«, so lautete der Untertitel, der Verlag warb dafür mit dem Satz: »Einwandfreie Lektüre, keine Phantasiegeschichten!« Der Volksverlag gab zudem ein Jahr vor Kriegsausbruch noch eine zweite, einschlägige Reihe heraus, sie trug den verpflichtenden Namen *Aus großer Zeit.*

In den Jahren vor 1914 wurde praktisch in allen literarischen Kanälen auf eine kriegerische Auseinandersetzung mit Frankreich hingearbeitet. Die Verleger von Heftreihen begannen sich ab 1913 auf das große Ereignis einzustellen. Als der Große Krieg dann ausbrach, erfaßte die vaterländische Begeisterung auch die Helden der Groschenhefte endgültig.

Der Mignon Verlag reagierte sofort. Schon kurz nach Kriegsausbruch wandelte er seine Abenteuerreihen *Heinz Brandt der Fremdenlegionär, Horst Kraft der Pfadfinder* und *Konrad Götz der Wandervogel* in Kriegs-Serien um. Die Helden brachen ihre Abenteuer in Nordafrika, Südamerika und dem Mittelmeerraum ab und agierten nun auf den Kriegsschauplätzen.

Heinz Brandt etwa tummelte sich in Belgien, Horst Kraft operierte im fernen Tsingtau, Konrad Götz schließlich war sogar Augenzeuge des Mordes in Sarajevo. Der ursprüngliche Serientitel hatte *Konrad Götz der Wandervogel. Vom Handwerksburschen zum Millionär* gelautet, man wollte damit die Wandervogel-Bewegung der deutschen Jugend hofieren und als Käufer gewinnen. Als der Weltkrieg ausbrach, war diese Konzeption überholt, schnell wurde umgestellt: »Kaum hatten die lustigen Wandervögel erfahren, daß der Weltkrieg ausgebrochen, als sie auch schon für die gerechte Sache zur Waffe griffen. Da es ihnen nicht möglich war, nach Deutschland zurückzukehren, zogen sie als Freiwillige mit unseren Verbündeten, den Österreichern, in den Rache-Krieg gegen Serbien. Die hochinteressanten Abenteuer im Lande der serbischen Hyänen werden in den folgenden Heften geschildert. Darauf werden die beiden in das deutsche Heer eingereiht und kämpfen gegen den Feind im Osten.«

Auch andere Verleger machten sich den patriotischen Taumel bei Kriegsausbruch zunutze. Kaum waren die ersten Kriegsmonate ins Land gegangen, da tauchten auch schon die ersten Serien auf, in denen aktuelle Kriegsereignisse verwurstet wurden! Gegen Ende des ersten Kriegsjahres, also nach fünf Monaten, gab es schon ein volles Dutzend Heftserien, die Woche für Woche Kriegsstories anboten.

Zwischen 1914 und 1918 gaben 21 Verlage in Deutschland ca. 36 Heftreihen mit Kriegsabenteuern heraus. Die meisten Unternehmen hatten allerdings nur eine einschlägige Serie im Programm, lediglich die großen Verlagshäuser boten mehrere dieser Reihen an. In den Titeln der betreffenden Serien schlug sich der gesammelte Chauvinismus der Epoche nieder. Einige Beispiele: »Das Eiserne Kreuz«, »Um Deutschlands Ehre«, »Unsere Helden im Weltkrieg«, »Viel Feind, viel Ehr«, »Helden der Luft«, »Kriegsfreiwillig die Erlebnisse eines Primaners«, »Krieg und Sieg«, »Mit fliegenden Fahnen«, »Im Kugelregen«, »Spione, Freund und Feind«, »In Feindesland«, »Krieg und Liebe« usw. Liest man die literarischen Ausflüsse jener Zeit, dann läuft es einem kalt den Rücken herunter. In der Broschüre aus dem Jahre 1914 *Stilles Heldentum. Deutschlands Frauen und Kinder* dichtete eine Dame:

»Wer ist so stolz wie wir auf der Welt?
Unsere Söhne zogen hinaus ins Feld,
Für Kaiser und Reich, zu Trutz und Wehr,
– Deutschlands Blüte für Deutschlands Ehr –
Zu stehn oder fallen – wie's Gott gefällt,
Jeder Jüngling ein Mann, jeder Mann ein Held!
Daß Gott ihrer gnädig sei!
Meiner ist auch dabei.«

In einem anderen Heft, das den Titel *Deutsche vor die Front. Illustrierte Kriegsverse* trägt, hieß es:

»Das war ein stolz Erwachen am Ersten des August –
Gleichwie in Alpdruck hob sich's von jeder deutschen Brust
Auf, Brüder zu den Waffen, der Feldherr rief uns schon,
Der Feind steht an den Grenzen, die Flammenzeichen loh'n!
Aber eh wir von deutschem Wesen was lassen dingen ab,
Ehr geht die Welt in Trümmer, uns all'n ein einzig Grab.«

Praktisch alle Verleger kochten auf dieser nationalen Flamme ihr Süppchen, der Berliner Volksverlag z. B. berücksichtigte auch schon die moderne Kriegsführung und produzierte eine Heftreihe über die *Helden der Luft*. Die Fliegerei steckte noch in den Kinderschuhen, und so wirkten die Fliegerabenteuer besonders spektakulär. Die tollkühnen Männer in den fliegenden Kisten beschossen sich, wenn nichts mehr half, zur Not auch mit Pistolen, warfen aus ihrem luftigen Sitz kleine Bömbchen per Hand ab, schossen Fesselballons in Brand und was es für fliegerische Kunststücke noch gab. Keine Rede davon,

Kriegspropaganda während des 1. Weltkrieges
im Heftformat – *Helden der Luft*

Die deutschen Helden marschieren auf –
Mit fliegenden Fahnen

daß die durchschnittliche Lebenserwartung der Piloten damals lächerliche drei Wochen betrug. Drei Wochen, die sie in ihren Flugmaschinen aus Segeltuch zubrachten, ehe sie abgeschossen wurden.

Besonders makaber aber waren Heftserien, die das furchtbare Thema Krieg auch noch lustig fanden, so erschien z. B. um 1915 in Berlin eine Heftreihe, die sich *Tornister Humor* nannte und deren Hefte so irre Titel wie *Wutki Kaputki Leib- und Magentrost aus Väterchens Mordbrennerei* oder *Heimatbriefe der Köchin Anna Knacktüpfel an den Gefreiten Knetschke* trugen. Im großen und ganzen muß man feststellen, daß die gesamte Heft-Unterhaltungsliteratur dieser Zeit vor hohlem Pathos nur so strotzte. Die Texte sind verlogen, die Helden sterben nie. Wenn gestorben wird, dann sind höchstens die Nebenfiguren an der Reihe und der Tod wird heldenmütig ohne zu klagen hingenommen. Am Schluß eines Heftes der Reihe *Mit fliegenden Fahnen* etwa heißt es: »Einige unserer lieben feldgrauen Jungens waren stumm für immer. Ihnen sang noch am Abend, als wir sie in ihr schlichtes Soldatengrab senkten, leise zu unseren Häuptern die im Winde zitternden Pappelblätter ein einfaches Abschiedslied«.

Die Kriegsgewinnler und Trittbrettfahrer unter den Verlegern waren dem Militär ein Dorn im Auge. Die Kriegszeit gab ihnen die langersehnte Möglichkeit, für Zucht und Ordnung im deutschen Vaterland zu sorgen. Die Rechtslage war günstig, denn der ausgerufene Belagerungszustand und die Aufhebung der Pressefreiheit gaben den kommandierenden Generälen die Möglichkeit, mit Verordnungen gegen die Heftverleger vorzugehen.

So verbot am 20. 12. 1915 General von Gayl in Münster kurzerhand den Vertrieb von ca. 135 Heftserien. Andere Generäle, die als Militärgouverneure in Deutschland eingesetzt waren, zogen nach, und so wurden bald auch in anderen Städten Deutschlands ähnliche Verbote verkündet. Zuwiderhandlungen würden nach dem Gesetz des Belagerungszustandes von 1851 bestraft.

Der Bannstrahl traf nicht nur Kriegs-Reihen, sondern alle Themenbereiche des Heftromanes, lediglich 89 Serien blieben vom Verbot verschont. In der ersten Verbotsliste wurden insgesamt 228 Vertriebsverbote ausgesprochen. Es waren allerdings auch ältere Serien darunter, die nicht mehr verlegt wurden, aber in den florierenden Hefttauschzentralen immer noch kursierten. Im weiteren Verlauf des Krieges lokkerte sich allerdings die kritische Einstellung des Berliner Polizeipräsidenten gegenüber der Kriegsschundliteratur. In die dritte Verbotsliste aus dem Jahr 1917 wurden dann nur noch fünf Kriegs-Serien aufgenommen. Außer den drei Mignon-Reihen *Heinz Brandt, Horst Kraft* und *Konrad Götz*, die bald wieder fortgesetzt werden konnten, hatten alle anderen Serien dieses Genres nur kurzfristigen Erfolg. Typisch ist z. B. das Schicksal der Heftreihe *Kriegsfreiwillig.* Sie wurde nach Kriegsende durch die Wildwest-Serie *Wildtöter* ersetzt, der Autor aber blieb der gleiche. Eine ähnliche Wandlung machte auch die Reihe *Unsere Feldgrauen* durch. Sie hatte zu Beginn den kernigen Untertitel »Deutscher Soldatengeist vor dem Feind« getragen. Die Helden besaßen so urdeutsche Namen wie Helmut und Oskar von Steinberg. Gegen Kriegsende wurden die martialischen Texte dieser Reihe nach und nach durch zivilere Abenteuer ersetzt und der Titelkopf schließlich gegen die Überschrift *Tollkühne Abenteuer und Erlebnisse* ausgewechselt. Als die Serie 1918 auslief, trug das letzte Heft den für Helden symbolischen Titel »Der Mann, der nicht sterben konnte«.

Die Weimarer Republik

Die neuen Helden

»Haben Sie gedient?« lautete jene stereotype Frage, mit der man in der Kaiserzeit die Qualität eines deutschen Mannes einstufte. Das Militär stand in der gesellschaftlichen Rangordnung an erster Stelle. Der 1. Weltkrieg forderte insgesamt 10 Millionen Tote – die Ernüchterung war grenzenlos, der Boom in Sachen Kriegsserien war abrupt beendet.

Die Damen flogen nicht mehr auf den schneidigen Leutnant oder den Herrn Rittmeister, die Demontage des einst so bewunderten Kriegshandwerkers war radikal. Der Korvettenkapitän diente nun im Hotel Bristol als Portier, der Hauptmann servierte den Damen im Café Sacher den Kaffee.

Für die Produzenten von Unterhaltungsliteratur galt es nun, schnell neue Leitbilder zu finden. Der Stummfilm kam auf und mit ihm der Filmdetektiv, die Leser begannen daraufhin, auch Detektivabenteuer im Genre des Heftromanes zu bevorzugen; es begann der Aufstieg der Detektiv- und Kriminalreihen.

Das kriminelle Milieu beherrschte in der Weimarer Zeit den Heftromansektor. Zwischen 1919 und 1933 erschienen wenigstens 75 Heftreihen dieses Genres. Durchschlagenden Erfolg hatten allerdings nur vier Helden, ihre Namen wurden zu einem festen Begriff, sie gingen in die Geschichte des Heftromanes ein: *Frank Allan, der Rächer der Enterbten, Harald Harst* vom Star-Autor Walter Kabel, die beiden Serien des Leipziger Dietsch Verlages *John Kling's Abenteuer* sowie *John Kling's Erinnerungen* und schließlich noch *Tom Shark, der König der Detektive.*

Die erfolgreichste Detektivfigur stammt aus dem Dietsch Verlag, der in den zwanziger Jahren seinen Aufstieg begann und im Zeitraum zwischen den beiden Weltkriegen zum größten Heftliteratur-Produzent wurde. Hier erschienen in diesen Jahren ca. 15 Heftserien. Die Reihen *John Kling's Abenteuer* und die umfangreicheren *John*

Inbegriff des Serienhelden
in der Weimarer Republik –
Frank Allan, der Rächer der Enterbten

Immer wieder modernisiert –
John Kling's Erinnerungen

Kling's Erinnerungen brachten es dabei auf zusammen 807 Titel, soviel schaffte kein anderer Held dieser Zeit.

John Kling und sein Adlatus Jones Burte hatten viele Väter, unter Pseudonymen wie Max Wing, Paul Pitt, Frank Astor usw. schrieben diverse Autoren des Dietsch Verlages für diese Serie. Der Erfolg war gewaltig, man schob John-Kling-Bücher nach und gab Postkarten der Helden heraus. Auch nach Kriegsende geriet der Detektiv nicht ins Abseits. Der Dietsch Verlag, inzwischen in Hohegeiß im Harz ansässig geworden, versuchte es mit seinem alten Helden noch einmal, zwischen 1949–1954 erreichte die Heftserie erneut fast zweihundert Titel. Selbst das Fernsehen nahm sich des Heldengespanns an, 1965 verliehen Helmut Lange und Uwe Friedrichsen dem Team Gestalt. Im Kapitel über die Groschenhefte der NS-Zeit wird näher auf John Kling einzugehen sein, denn er war »der« Held dieser Jahre.

Diesem Longseller am nächsten kam *Frank Allan, der Rächer der Enterbten* des Leipziger Ostra Verlages. Die kleinen Hefte waren seit 1920 auf dem Markt und liefen bis zur »Machtergreifung«. Wie bei Kling gab es Einfach- und Doppelbände, zusammen brachte es dieser Held auf 667 Titel. Frank Allan war wohl die bekannteste Serie der Inflationsjahre, der anspruchsvolle Titel »Rächer der Enterbten« gab Anlaß zu vielen Glossen und Witzen (Rächer der Erwerbslosen usw.), und selbst heute noch ist dieser Slogan Allgemeingut. Ungefähr fünfzig Autoren waren an der Reihe beteiligt, und man schätzt, daß ca. 15 Millionen Hefte davon verkauft wurden.

Die nach 1918 einsetzende Lockerung der Zensur hatte die Verleger veranlaßt, über die Stränge zu schlagen. So gab es auch in den Frank-Allan-Heften und auf den Covern diverse Entgleisungen. »Der Schlächter aus der Rue Lafayette« (Nr. 513) handelte z. B. von einem Pariser Schlächter, der von Zeit zu Zeit junge Mädchen wegfängt, abschlachtet und zu wohlschmeckenden Frikadellen verarbeitet. Und in Heft 516 wurden Menschen bei lebendigem Leibe die Herzen herausgeschnitten und Fremden in konserviertem Zustand zugeschickt. Sätze wie »Herr Delorme hat uns soeben mitgeteilt, daß Sie so liebenswürdig waren, seinem Töchterchen die Kehle durchzuschneiden« (Nr. 511: »Der Hund vom Pont des Arts«) führten schließlich dazu, daß die Reihe 1931 mit auf die Liste der verbotenen Schriften gesetzt wurde. Das bedeutete, Frank Allan durfte nicht öffentlich angeboten, nicht ausgehängt bzw. an Personen unter 18 Jahren verkauft werden. Wie populär und verbreitet diese Krimiserie war, belegt eine Umfrage des Preußischen Ministeriums, die unter dem Titel *Was liest unsere*

Eine neue Zeit braucht neue Helden –
Tom Shark

Jugend 1930 erschien. In einer Kleinstadt mit 30 000 Einwohnern wurde eine Knabenklasse befragt. Diese Klasse (41 Knaben) gab an, folgende Anzahl von Groschenheften gelesen zu haben – 66 Hefte *Harald Harst*, 61 *Eddi Polo*, 50 *Harry Piel*, 46 *PercyStuart-Abenteuer* – von Frank Allan jedoch 1684 Hefte.

Wie John Kling, so erlebte auch Frank Allan nach dem 2. Weltkrieg eine kurze Wiedergeburt. Im Diamant Verlag, Hannover, kam die Reihe vier Jahre nach Kriegsende wieder heraus. In der neuen Serie war allerdings der Sohn Dick Harris an die Stelle seines Vaters getreten, Frank Allan wurde gleich im ersten Heft in der Kneipe *Zum blutigen Krokodil* erschossen, was seinen Sohn veranlaßte, an des Vaters Stelle zu treten und in Zukunft für Gerechtigkeit zu sorgen.

Der Dritte im Bunde jener Kämpfer der Weimarer Zeit für Recht und Freiheit war *Tom Shark, der König der Detektive.* Die Serie erschien im Dresdner Freya Verlag, neben dem Dietsch Verlag und dem alten Berliner Volksliteratur Verlag der größte Produzent von Heftromanen in dieser Zeit. Im Jahre 1928 hatte man dort die Detektivserie *Tom Shark* gestartet. Im Berlin der zwanziger Jahre angesiedelt, durchstreift der deutsche Held mit dem englischen Namen das Sündenbabel Großstadt. Er hockt in den Kaschemmen und Spelunken des Scheunenviertels, einem berüchtigten Unterweltbezirk Berlins, lernt die Ringvereine, den Zusammenschluß der Zuhälter und Ganoven, kennen und kehrt zum Schluß immer wieder brav in seine Wohnung in der Wallotstraße zurück. Autor der Serie um Tom Shark war eine 23 jährige junge Frau, die unter dem männlichen Pseudonym Pitt Strong harte Detektivabenteuer verfaßte. Ihr richtiger Name lautete Elisabeth von Aspern, sie schrieb die Serie bis zum Verbot im Jahre 1939 ganz allein, eine gewaltige Leistung.

Mit der Leistung Elisabeth von Asperns, über 14 Jahre lang jede Woche ein ca. sechzig Seiten starkes Manuskript abzuliefern, hat sich die Dame einen vorderen Platz in der Garde der deutschen Heftautoren verdient. Insgesamt waren es ca. 670 Tom-Shark-Abenteuer, die sie verfaßt hat. Das Honorar lag zu Beginn bei 95 RM, stieg später aber aufgrund der guten Verkaufszahlen an.

Wie Conan Doyles Sherlock Holmes, der Post in die Bakerstreet bekam, erhielt auch Tom Shark massenhaft Zuschriften von Fans. Die Adresse Berlin, Wallotstraße 5, wurde zur Anlaufstelle von begeisterten Leserbriefen. Die Post sandte diese Fanpost umgehend an den Verlag in Heidenau weiter. Derartige Briefe sind und waren immer ein Zeichen dafür, daß die jeweilige Romanfigur überzeugend konstruiert und von den Lesern für bare Münze genommen wurde – ein Effekt, der nicht vielen Unterhaltungsschriftstellern gelingt.

Wie so viele erfolgreiche Heftserien erlebte auch Tom Shark nach 1945 eine Renaissance. Drei Jahre nach Kriegsende war er wieder da, auferstanden aus Ruinen – im Baustein Verlag, allerdings ohne Genehmigung der Autorin. Sie setzte durch, daß der Verlag die Serie einstellte und begann für den Moewig Verlag in München neue Tom-Shark-Abenteuer zu schreiben. Aber die Zeit war über ihren Helden dahingegangen, die Resonanz der Leser war nicht mehr die gleiche. Über die modernen Tom-Shark-Erlebnisse kam es schließlich zwischen Autorin und Verlag zu Meinungsunterschieden, 1951 stellte der Verlag die Reihe wieder ein. Schließlich wäre auch noch über *Harald Harst* zu sprechen. Die unscheinbaren Hefte – die Cover bestanden zeitweilig nur aus einem Rankenwerk, später wurden auch Fototitelbilder verwandt – zählen zu den gesuchtesten Stücken dieses Genres. Harald Harst war ebenfalls ein »deutscher« Detektiv, der wie Tom Shark in Berlin wohnte. Er erblickte dort im Jahre 1919 das Licht der Welt: *Harald Harst, aus meinem Leben* von Max Schraut (Pseudonym von Walter Kabel) lautete der volle Serientitel.

Zwischen 1919 und 1934 erschien diese Reihe im Berliner Verlag für moderne Lektüre und brachte es in dieser Zeit auf 372 Nummern. Der Untertitel »Eine Reihe spannender Kriminalerlebnisse aus dem Leben eines deutschen Detektives« gaukelte Authentizität vor, durch Postkarten mit dem Bild des Autors wurde diese Fiktion noch verstärkt. *Harald Harst* ragte aus dem Angebot der üblichen Krimi-Serien heraus. Kabels Erzählungen hatten meistens einen ungewöhnlich verschlungenen Handlungsaufbau, dazu kam sein unverwechselbarer Erzählstil. Seine Geschichten boten eher gedankliches Filigranwerk anstelle der üblichen, actionüberladenen Kriminalgeschichten anderer Serien. Als die Nationalsozialisten an die Macht kamen, machten sie sich daran, alle »schädlichen Einflüsse vom deutschen Volke fernzuhalten«. Verbrechen im deutschen Lande – unmöglich. Damit war auch ein deutscher Detektiv undenkbar geworden. Der Autor wurde schließlich gezwungen, die Arbeit an seiner Serie einzustellen, und so ließ Kabel seinen Helden in Heft 372 (»Das Geheimnis um die Marga«) im Hafen von Swinemünde ertrinken!

Walter Kabel war einer der interessantesten Autoren der deutschen Groschenheft-Szene zwischen den Kriegen. Geboren am 8. 8. 1878 in Danzig, studierte Kabel zunächst Jura. Den 1. Weltkrieg machte er als Reserveoffizier mit, wurde verschüttet und handelte sich dabei ein

Herzleiden ein. Nach seiner Entlassung als Hauptmann der Reserve zwang ihn eine Lungenkrankheit, seinen Beruf aufzugeben und er begann zu schreiben, um seinen Lebensunterhalt zu verdienen. Zwischen 1913 und 1935 arbeitete Kabel für diverse Verlage. Seine große Zeit hatte er jedoch im Berliner Verlag für moderne Lektüre, dort bestritt er den Löwenanteil der Produktion im Alleingang mit Serien wie *Olaf K. Abelsen Abenteuer abseits vom Alltagswege, Kabels Kriminalbücher, Nick Pratt, Amerikas Meisterdetektiv, Erlebnisse einsamer Menschen, Felsenherz der Trapper, Im Flugzeug um die Welt, Der Goldschatz der Azoren* usw., um nur einige zu nennen. Sein Verleger Max Lehmann leistete sich davon eine luxuriöse Villa im Berliner Villenvorort Eichwalde, Walter Kabels Witwe stand dagegen nach dem Tode ihres Mannes praktisch ohne Mittel da – das übliche Schicksal vieler Autoren dieses Genres.

Walter Kabel war ein Autor, der versuchte, mit seinen Manuskripten dem Heftroman ein besseres Image zu verschaffen. Er betätigte sich außerdem als Lyriker und schmuggelte gelegentlich Gedichte in seine Detektivabenteuer. Daneben verfaßte er populärwissenschaftliche Artikel und schrieb mehrere Bücher.

Kabel benutzte zahlreiche Pseudonyme, zumeist handelte es sich dabei um anagrammatische Variationen seines Namens wie W. Bekal, W. Belka, W. Käbler, W. Kebla oder W. Lebka.

Walter Kabel war das, was man damals einen guten Deutschen nannte. Schon gegen Ende des Krieges, als er an der Serie *Erlebnisse einsamer Menschen* mitarbeitete, kam sein Patriotismus gepaart mit einem Schuß Chauvinismus zum Tragen. Seit 1925 war er Mitglied der NSDAP. Um so größer war seine Enttäuschung, daß ausgerechnet ihn schon 1934 der Bannfluch traf und er seine *Harald Harst*-Serie beenden mußte.

Er tat daraufhin etwas, was ihm ein paar Jahre später den Kopf gekostet hätte, er sandte Goebbels das Mitgliedsbuch der NSDAP zurück.

Walter Kabel hat seinen Helden Harst nicht lange überlebt, schon zwei Jahre später starb er im Alter von 60 Jahren an den Folgen einer Lungenentzündung.

Als sich das junge Medium Film der Figur des Privatdetektivs annahm, führte dies auch zu einem Aufschwung des Kriminalgenres in der Groschenheft-Literatur. Gegen Ende des 1. Weltkrieges kam es im deutschen Stummfilm zu einer wahren Flut von Detektivfilmen, und ein Teil dieser Leinwandhelden erlebte danach in der Weimarer Republik ein zweites Leben als Serienheld im Heftroman. Die arbeitende und arme Bevölkerung stürzte sich regelrecht auf das Kino, die Leinwand lenkte ab von Hunger und Sorgen, und für 30 Pfennig saß man im Winter gemütlich im Warmen.

Wie bei den Groschenheften, so verdrängte auch im Stummfilm der Serienfilm den Fortsetzungsfilm. Serienfilm, das bedeutete, daß in den jeweiligen Streifen immer wieder der gleiche Held auftrat, jeder Film in sich aber eine abgeschlossene Episode bot. Es gab damals Serien, in denen der Okkultismus in den Vordergrund gestellt wurde, es gab Schauerdramen, die Militärschwänke u. v. a. Am erfolgreichsten aber waren fraglos die Detektivserien.

Was James Bond für unsere Zeit bedeutet, das waren die Filmdetektive Stuart Webbs oder Joe Debbs in den zehner und zwanziger Jahren. Es gab keine Situation, der sie nicht gewachsen waren. Wurde einer von ihnen in einem Turm eingesperrt, holte er eine Strickleiter aus seiner unergründlichen Westentasche und entkam. Wurde Stuart Webbs als Postpaket verschnürt ins Wasser geworfen, entwickelt sich aus einer Phiole, die er sicherheitshalber im Mund versteckt hatte, Sauerstoff und brachte ihn zurück an die Oberfläche. Wurde Joe Debbs in einen Tresor eingeschlossen, um dort elendig zu ersticken, hatte er zufällig einen kleinen Handschneidbrenner dabei und schweißte sich durch die Stahltür. Sollte er vergiftet werden, so hatte er schon vorher das Gegenmittel eingenommen. Jede Pistolenkugel blieb in seiner stahlgefüllten Brieftasche stecken, jedes Stilett glitt an seiner Panzerweste ab.

All diese phantastischen Ausrüstungen standen natürlich auch den Detektiven der Heftromane zur Verfügung.

Auslöser der Sensationsfilme waren die Stuart-Webbs-Streifen. Gleich der erste, 1913 gedrehte Film mit dem Titel *Die geheimnisvolle Villa* brachte volle Kassen. Ein Jahr später entstand bereits die Fortsetzung *Das Panzergewölbe*. Die Stuart Webbs-Serie brachte es im Laufe der Jahre auf ca. 50 Leinwandabenteuer.

In den Kriegsjahren 1914 bis 1918 hatte das Geschäft mit dem Sensationsfilm keineswegs geruht, wie später während der NS-Zeit, so versuchte man auch damals schon dem Volk Ablenkung vom zunehmend tristen Kriegsgeschehen zu verschaffen. Gerade in solchen Zeiten hungert die Bevölkerung geradezu nach unbeschwerter Unterhaltung. Und so liefen die Detektivfilme auch während der Kriegszeit weiter. Harry Piel begann in dieser Zeit als verantwortlicher Regisseur, die Harry- Filme auf die Leinwand zu bringen – ein Detektiv, zu dem es dann in den zwanziger Jahren auch die passende Groschenheftserie mit dem Titel *Harry Hill, der Weltmeister der Sensationen* gab.

Als der 1. Weltkrieg zu Ende war, begann der Boom jedoch erst richtig. Jede Filmproduktion hatte jetzt ihren eigenen Privatdetektiv, es gab eine Sherlock-Holmes-Serie, eine Nat Pinkerton-Reihe, mehrere Tom Shark-Filme usw.

Passend zur Heftreihe *Timm Fox, der König der Detektive* lief eine gleichnamige Serie im Kino an der Ecke; *Jack Mylong, der abenteuerliche Hochstapler* aus dem Leipziger Dietsch Verlag geisterte monokelbewehrt als eleganter Dandy ebenfalls durch die Filmtheater. Es gab den Detektiv *Carlo Aldini* in Heftform und als Leinwandepos, ebenso wie Miss Lee Parry, eine Münchnerin, die in Abenteuerfilmen wie *Der lebende Propeller* oder *Die Macht des Blutes* zuerst Furore

Ein früher Stuart-Webbs-Film!
Das Panzergewölbe aus dem Jahr 1914

gemacht hatte. Als *Lee Parry, die tollkühne Abenteuerin* war sie wohl die einzige weibliche Serienheldin dieser Zeit. Die Hefte dieser Reihe trugen so schöne Titel wie: »Das Tal der Sünde«, »Im Hotel zum Jenseits« oder »Der sprechende Tod«, und auf der Rückseite der Hefte stand jedesmal: »Erhältlich in allen Buchhandlungen und dort, wo Lee Parry-Sensationsfilme gespielt werden.«

Harry Piel

Der absolute Star der Sensationsdarsteller im deutschen Film war jedoch ohne Frage Harry Piel. Sein Name ist untrennbar mit der deutschen Stummfilmzeit verbunden, er war ein Universalgenie des Kinos, schrieb Drehbücher, führte Regie, spielte die Hauptrolle und führte dazu noch nahezu alle Stunts selber aus, was ihm im Laufe seiner Karriere 106 schwere Verletzungen einbrachte. Zwischen 1912 und 1930 arbeitete Piel an 85 Filmen mit, in fast 40 davon trat er als Hauptdarsteller auf. Im Jahre 1935 konnte er Jubiläum feiern, als er seinen 100. Film drehte. Seinen letzten Streifen, *Der Tiger Akbar*, inszenierte er fünf Jahre nach dem Ende des 2. Weltkrieges, dann wurde es still um ihn.

Harry Piel ist heute zu Unrecht fast vergessen, Filme wie *Der Verächter des Todes, Schneller als der Tod, Schatten der Unterwelt* u. ä. ließen das Publikum einst in Scharen ins Kino strömen. Sein Name war in aller Munde, und auf diese Popularität stützen sich auch zwei Heftserien, die seine Filmabenteuer und seinen bekannten Namen weiterverwerteten.

In Leipzig kam während der Inflation die Reihe *Harry Piel, der tollkühne Detektiv* heraus; trotz der erschwerten Produktionsbedingungen blieb die Serie auf dem Markt und brachte es in sechs Jahren schließlich auf 150 Titel. In vielen dieser Hefte wurden die Handlungen seiner Filme nacherzählt, die Titelbilder waren Fotomontagen oder einfache Standfotos aus den Kinoproduktionen. Das war für damalige Zeiten ungewöhnlich, Fotocover waren in jenen Jahren noch eine Seltenheit. Gegen Ende der zwanziger Jahre erlebte Harry Piel dann noch einmal im Xenien Verlag ein Comeback, verschwand dann aber endgültig aus dem deutschen Heftgeschehen.

Alles in allem waren die zwanziger Jahre ein Paradies für die Produzenten von Unterhaltungsliteratur. Die Verleger ließen ihrer Phantasie die Zügel schießen, nie wieder wurde auf dem Sektor des Heftromanes so viel experimentiert wie in der Zeit der Weimarer Republik. Die Serien kamen und gingen in rascher Folge. Fast jeder Verlag versuchte es mit einem anderen Format, es gab Heftreihen in jeder Größe von Sedez bis Quart. Die Preise schwankten - z. T. inflationsbedingt - von 10 Pf bis 500 Mark und mehr, die Seitenzahlen reichten von 16 bis 158 Seiten. Neben den bekannten Serien gab es viele Reihen, die nicht einzuordnen sind, Serien, die Versuchsballons darstellten. Neue Trendsetter wurden fieberhaft gesucht. Da gab es *Brehms Tierleben* als Groschenheftserie und mit *Der Büchsentoni-Hochwald-Wilddieb und Schmugglergeschichten* versuchte man uralte Themen wiederzubeleben.

Ein Leipziger Verlag veröffentlichte eine Serie mit dem Titel *Bill Knox, der Gummimensch.* Mysteriös erscheint auch die Reihe *Fred ex Voto, der Schlangenmensch* aus dem Ostra Verlag in Leipzig, die im letzten Inflationsjahr aufgelegt wurde. Ebenfalls bei Ostra kamen indische Kriminalromane mit dem Reihentitel *Rama Sing* heraus. Eine Würdigung des mexikanischen Freiheitskämpfers Pancho Villa stellten die Heftromane *General Villa, der mexikanische Rebellenführer* dar; als die Serie 1920 verlegt wurde, lebte Pancho Villa noch, drei Jahre danach wurde er aus einem Hinterhalt erschossen. Die Prohibitionszeit in den USA schlug sich in der Serie *Al Capone* nieder, hier wurden sogar authentische Fotos zur Illustration verwandt.

In den USA spielte übrigens auch eine Heftreihe, die sich mit den Hobos befaßte, mit jenen Tramps, die ständig auf Reisen waren, auf Güterzüge aufsprangen, es sich im Gestänge oder auf den Puffern bequem machten, immer auf der Hut vor dem Wachpersonal, das rigoros gegen die Tramps vorging. Die in Berlin in einem kleinen Verlag gedruckte Reihe nannte sich *Vagabunden des Schienenstranges.* Zu den Raritäten dieser Jahre zählen auch Serien wie *Fred Caterpink, der König der Hochstapler* oder *Jim Buffalo, der Mann mit der Teufelsmaschine.* In Wien kam gegen Ende der zwanziger Jahre eine Heftreihe auf den Markt, die den Titel *Billy Dogg, der blinde Meisterdetektiv* trug.

Ganz besonders ausgefallen war schließlich eine Agitpropserie, mit der sich der linksgerichtete Neue Deutsche Verlag das beträchtliche kommunistische Wähler- (und damit Leser-)potential in Deutschland zunutze machen wollte. Der Verlag brachte 1925 für die Genossen eine Heftreihe heraus, die sich *Mess Mend oder Die Yankees in Leningrad* nannte. Es handelte sich dabei um eine Agitationssatire im Gewand einer Krimi-Serie, in der gegen den amerikanischen Kapitalismus und die Bourgeoisie zu Felde gezogen wurde. Besonders auffallend war die Covergestaltung, für die Fotomontagen im Stil der sowjetischen Film-Avantgardisten verwendet wurden. Der Serie lag eine russische Originalausgabe zugrunde, die in Moskau ein Jahr vor der deutschen Ausgabe erschienen war. Der Originaltitel lautete (übersetzt) *Ein Yankee in Petrograd*, als Autor zeichnete ein gewisser Jim Dollar verantwortlich; hinter diesem Pseudonym verbarg sich die Schriftstellerin Marietta Schaginian. Betrachtet man die damaligen Verlagsorte der Heftverleger, so fällt auf, daß die Produzenten von Unterhaltungsliteratur dieser Art fast alle in Sachsen angesiedelt waren. Sachsen und Thüringen hatten seit dem Ende des siebzehnten Jahrhunderts laufend Autoren und Verleger des trivialen Sektors hervorgebracht. Über die Hälfte der deutschen Unterhaltungsautoren von Ch. A. Vulpius über die Marlitt, Karl May, Robert Kraft bis zu Courths-Mahler stammten aus diesem Gebiet. Die Ursache der sächsisch-thüringischen Dominanz lag wohl in der vorzeitigen Industrialisierung jener Landstriche. Frühzeitig entstand hier ein großes Industrieproletariat, parallel dazu wuchs die Gesellschaftsschicht von Selbständigen und kleinen Beamten. Beide Gruppen aber stellten den idealen Abnehmerkreis für Trivialliteratur dar.

Zumeist in kulturellen Dingen nur wenig ausgebildet, fanden Industrieproletarier und das Kleinbürgertum in den reißerischen Erzählungen der Groschenhefte eine ideale Möglichkeit zur Entspannung. Dazu kam noch, daß man es in Sachsen und Thüringen mit der staatlichen und kirchlichen Zensur nicht so genau nahm. Die verstärkte Industrialisierung und die daraus resultierende Entstehung breiter proletarischer und kleinbürgerlicher Schichten traf später auch auf die Metropole Berlin zu, und so nimmt es nicht Wunder, daß von den 133 Groschenheftverlegern für den Zeitraum zwischen 1900 und 1945 etwa 68 % in den drei Städten Dresden, Leipzig und Berlin angesiedelt waren.

Radiohelden, Geheimorganisationen und der Führer

Der Science Fiction-Groschenroman

Unter den chaotischen Wirtschaftsbedingungen der unmittelbaren Kriegs- und Nachkriegszeit konnten Heftromane natürlich nicht allzu prächtig aufgemacht werden. Während des 1. Weltkrieges und der nachfolgenden Weltwirtschaftskrise schrumpfte das Format der Groschenhefte immer mehr zusammen. Doch dann um 1930 versuchten es einige Unternehmen noch einmal mit dem alten Großformat.

Der Dresdner Mignon Verlag z. B. startete eine utopisch-phantastische Heftreihe, die den merkwürdigen Serientitel *Jack Nelson vom Tric Trac Tric* trug. Der merkwürdige Serientitel ging auf das früher beliebte französische Brettspiel Trictrac zurück. In der betreffenden Heftreihe standen diese drei Begriffe stellvertretend für eine Geheimorganisation, dessen drei Ts bei allen Verbrechern Angst und Schrecken auslösten. Die Organisation selbst stellte sich als eine Art Ku-Klux-Klan dar, deren Mitglieder sich unter schwarzen Helmen verbargen. Der Held ging im Auftrag der Organisation auf Verbrecherjagd, die ihre Helfer überall hatte, wohin Jack Nelson auch kam. Der Mignon Verlag siedelte in seine Werbung die Serie in ferner Zukunft an: »1999 an der Schwelle eines neuen Jahrtausends steht die Welt. Neue Menschen leben, die sich die Errungenschaften der Wissenschaft und Technik zu eigen machen. Jack Nelson lebt nur in der Bekämpfung des Bösen dieser Welt. Wer kann dem TTT widerstehen? Niemand! So ist der TTT der Schrecken der Verbrecher. Eine meisterhafte Feder erzählt von Jack und seinen 99 Getreuen, die Weltmeister des Boxens, Fußballs, Motorrads, Autos, Flugzeugs und des Schwimmens. Begeistert strömen sie ihm zu und vereinigen ihre Kräfte mit seinen Fähigkeiten.«

In ein ganz anderes Horn stieß dagegen die kurz nach der Inflation erschienene Serie *Im Radio-Club. Aus dem Tagebuch des Ing. Joe West.* Der Siegeszug des Radios hatte gerade begonnen, man saß am Detektor und suchte mit der Nadel auf dem Kristall nach einem Sender. Das Berliner Verlagshaus für Volksliteratur benutzte dieses neue Spiel-

Ein Held der Inflationsjahre
nach dem 1. Weltkrieg – *Jack Nelson*

zeug der Bevölkerung als Transmissionsriemen für eine technisch-phantastische Reihe. Die Marktpräsenz muß jedoch gering gewesen sein, die Heftreihe ist in keiner Verbotsliste aus jenen Jahren enthalten.

Heftüberschriften wie »Der Homunkulus«, »Das Geheimnis der Omega-Strahlen« oder »Der gestohlene Radium-Kristall« allerdings klingen auch heute noch vielversprechend. Die Titelbilder der Serie zeigten futuristische Flugzeuge, torpedoförmige Schiffe, Roboter und immer wieder Antennen. Die Werbung für die Serie stellte dabei ganz auf den Aspekt der modernen Technik ab. »Eine neue Heftreihe über die Wunder der Technik. Man braucht sich nicht mit der Kühnheit eines Jules Verne in die Regionen des Unerschlossenen zu verlieren, das durchaus Mögliche und Tatsächliche, die Großtaten der Ingenieurkunst und die oft wahrhaft wie Feen-Märchen anmutenden, geheimnisvollen Naturkräfte, die der Mensch sich dienstbar macht, bieten des Überraschenden genug. Jedes Heft enthält ein abgeschlossenes Abenteuer von Joe West, dem Meister der Radio-Wissenschaft, hin und wieder werden auch Anleitungen zum Selbstbau einer Antenne oder eines Detektors veröffentlicht werden«. Zusammen mit seinem Adlatus, dem Monteur Albin, durchstreift also der Radio-Held die Welt. Man setzt die neuen Kommunikationsmittel gezielt und vielseitig ein.

Anfang der dreißiger Jahre erschien schließlich noch eine Reihe mit dem Bandwurm-Titel *Olaf K. Abelsen. Abenteuer abseits vom Alltagswege.*

Auf dem Vorsatzblatt stand: »Einzig berechtigte Übersetzung aus dem Schwedischen von Max Schraut« – natürlich eine Fiktion, denn in Wirklichkeit stammten die Manuskripte von Walter Kabel. Es waren wirklich ungewöhnliche Abenteuer, die da erzählt wurden, sie hatten jenen »Sense of Wonder«, der heutigen Serien oftmals abgeht. Die Titel verraten schon etwas von diesem Fluidum: »Das tote Hirn«, »Der Sprung ins Nichts«, »Die Satansfarm«, »Das heilige Lächeln«, »Erstarrte Tränen«.

In dem Band »Das Geheimnis des Meeres« z. B. ging es um einen Schacht, den die Russen in den Meeresboden getrieben haben und aus dem sie mit modernsten technischen Hilfsmitteln Gold fördern. Kabel geht in seinen Texten auch immer wieder auf sein eigenes Vorbild Jules Verne ein, in dem Band »An den Feuern der Ewigkeit« etwa wird eine Gruppe durch einen Erdrutsch in ein riesiges Höhlengebiet hinuntergerissen – das alte J.-Verne-Thema aus *Reise zum Mittelpunkt der Erde.* Tagelang durchstreifen die Männer diesen sechsten Erdteil, stoßen dabei auf eine ungewöhnliche Fauna und Flora und treffen Höhlenmolche und riesige Maulwürfe, ehe sie durch einen Vulkanausbruch (wie bei Verne) auf ihrem Floß wieder an die Erdoberfläche geschleudert werden.

Doch noch aus einem anderen Grund ist dieser Band 26 von Interesse. In einem Brief an einen Freund schrieb W. Kabel im Jahre 1931: »Demnächst werde ich Adolf Hitler in meiner *Olaf-K.-Abelsen-Serie* auftreten lassen, ich werde ihn *Ret Hil* nennen!« Im Kapitel 8, »Ein Bekannter von einst«, tritt der Groschenheftheld dann auch tatsächlich auf. Der Autor führt ihn mit folgenden Worten ein: »Ret Hil war ein Mann gewesen, wie die Welt ihn zurechtknetet, sein Gesicht strahlte Tatkraft, Klugheit und versonnene Güte aus«! Dem Demagogen baut er ein papiernes Denkmal, indem er weiter ausführte: »Seine Stimme schwoll an, wie ein Fanatiker schleuderte er dem schweigenden Mulatten die Anklagen ins Gesicht. Seine Stimme war wie ein Orkan, der das Meer bis zum Grund aufwirbelt.« Von der Begleitung des Ret Hil heißt es, es seien Kämpfer, keine Wortvergeuder, und das Kapitel endet mit den Sätzen: »Ret Hil der große Menschenkenner, Seelenbezwinger, Läuterer möchte heimkehren und sein emsiges Schaffen fortsetzen. Arbeiten werden wir, alle für einen, einer für alle!«

Auch die Covergestaltung der Abelsen-Bände war ungewöhnlich, sie paßte kongenial zum Text. Der Verlag für moderne Lektüre in Berlin setzte seinen Lesern mit diesen Titelbildern etwas Außergewöhnliches vor, das Cover der Nr. 2 stammte sogar von dem berühmten Franzosen Georges Colomb, der unter dem Pseudonym CHRISTOPE zeichnete. Er bestach durch Klarheit und Schwung der Linienführung und war damals ein vielbeschäftigter Künstler.

Je zwei Texte der Serie wurden später zusammengefaßt und in einer zwanzigbändigen Buchausgabe noch einmal herausgegeben. Nach dem 2. Weltkrieg erschienen 1952 bis 1954 erneut siebzehn Bände dieser Buchserie als Futter für die unersättlichen Leihbüchereien.

Das Tausendjährige Reich

Sun Koh, Rolf Torring und Billy Jenkins

Das Groschenheft hatte die Monarchie und die Demokratie kennengelernt, nun sollte es auch die Diktatur zu spüren bekommen. Die Zeit des Nationalsozialismus bedeutete für das Genre des Heftromanes eine einschneidende Zäsur. Wie schwer es der Heftroman haben würde, konnte man sich lebhaft vorstellen, wenn man sich vor Augen führt, daß die Parteigenossen sogar in den alten deutschen Märchen Gefahren für ihre Ideologie erblickten. G. Schott etwa gab in seinen *Weissagungen und Erfüllungen im Deutschen Volksmärchen* folgendes über das tapfere Schneiderlein zum besten: »Der Knirps ist ein ganz abgefeimter Bursche. Das Schneiderlein im Märchen hat etwas von einem Juden an sich. Man denke nur an die aufdringliche Reklame ›Sieben auf einen Streich!‹ Er bringt die Riesen dazu, sich selber totzuschlagen. Man könnte laut Auflachen, wenn es nicht so todtraurig wäre. Denn das ist unsere Geschichte. Die deutschen Riesen mit ihren unheimlichen Kräften. Die Welt könnten sie aus den Angeln heben, wenn sie zusammenstünden.«

Und der braune Barde W. Vesper schrieb in *Die Neue Literatur* im Februar 1939: »Wir müssen Schluß machen mit aller weichlichen, literarischen Farbigenschwärmerei, ob es sich nun um Unterhaltungsliteratur oder die längst überständige Indianer-Poesie der Jugendbücher handelt. Wir sind ein weißes Volk. Wir sind das Kern- und Hauptvolk der weißen Rasse. Die weiße Rasse ist in Gefahr. Und so wollen wir die farbige Gefahr, die für unser Volk zunächst und hauptsächlich eine seelische Gefahr ist, mit aller Schärfe dort begegnen, wo sie uns bedroht, in der Farbigenschwärmerei der europamüden Literatur.«

Aus den Veröffentlichungen des Propagandaministeriums ging schon früh hervor, was alles unerwünscht sein würde: »Alle sentimentalen Liebes- und Gesellschaftsromane, Backfischgeschichten, Indianererzählungen, Militärhumoresken, Detektiv- und Kriminalserien.«

Und weiter hieß es: »Die echte Abenteuererzählung braucht, um spannungserfüllt zu sein, keine Detektive mit der unvermeidlichen Pfeife im Mund, keine kriminellen Verbrecher und Halunken, keine Spielhöllen und spitzfindige Vorfälle, die nur durch das Aufgebot polizeilichen Spezialistentums (Fingerabdrücke etc.) zu lösen sind. Aus diesen Dingen mögen das Surrogat und der Schund ihre spannenden Momente beziehen. Unsere Jugendliteratur verschließt sich dieser üblen Masche ganz entschieden.«

Aber trotz dieser Einflüsse wurden weiter Schundromane in der Schule unter der Bank gelesen, auf dem Hof getauscht und natürlich auch gesammelt. Dies änderte sich auch nicht, als sich die Nationalsozialisten an der Macht etabliert hatten. Es begann vielmehr der Kampf der Verleger-Davids gegen den Goliath NS-Staat.

Aus heutiger Sicht entsteht oft der Eindruck, als hätte es in der Zeit der NS-Herrschaft keine Schundromane gegeben, was jedoch nicht zutrifft. Es war durchaus nicht so, daß es nur die drei berüchtigten NS-Serien des parteieigenen Steininger Verlages *(Kriegsbücherei, Kolonialbücherei, Erlebnisbücherei)* gegeben hätte. Nach dem Machtwechsel liefen vielmehr Heftserien wie *John Kling, Tom Shark, Rolf Torring* oder *Jörn Farrow* zunächst noch einige Jahre weiter. Der Inhaber des Berliner Volksliteraturverlages berichtete nach dem Krieg, daß einige seiner Serien Mitte der dreißiger Jahre noch Auflagen von 250 000–500 000 Stück pro Titel erreicht hätten.

Zwischen 1933–1936 starteten außerdem Heftreihen, die sich in Deutschland großer Beliebtheit erfreuten, etwa *Sun Koh, Jan Mayen, Alaska-Jim* oder *Billy Jenkins.*

Die erste einschneidene Zensurmaßnahme der neuen Machthaber stellten die 1935 erlassenen Richtlinien der Reichsschrifttumskammer dar. Alle Manuskripte mußten vor der Veröffentlichung den Lektoren dieser Kammer zur Genehmigung vorgelegt werden. Für die Verleger war dies Verfahren bedeutend kostensparender als das frühere Verfahren, bei dem bereits ausgelieferte Hefte nachträglich beschlagnahmt wurden. Der entscheidende Schlag wurde aber erst drei Jahre später gegen die Groschenhefte geführt. Am 31. 12. 1938 wurde die 2. Ausgabe der *Liste des schädlichen und unerwünschten Schrifttums* herausgegeben. Mit der Aufnahme in diese Liste wurde die Verbreitung einer Serie durch den Buchhandel in jeglicher Form untersagt. In dieser Liste standen z. B. schon die Harald Harst-Abenteuer Walter Kabels. Dabei hatte der Verlag doch immer wieder herausgestellt, daß der Autor ein alter Front-

Perry Rhodans eigentlicher Vorläufer –
Sun Koh, der Erbe von Atlantis
im Jahr 1932

kämpfer sei und daß es sich hier um einen deutschen Detektiv handele – es hatte alles nichts genutzt.

Der Ausbruch des 2. Weltkrieges führte dann zu weiteren restriktiven Maßnahmen. Die Einführung der Papiergenehmigungspflicht im Jahre 1939 war ein wichtiger Schachzug. Mit dem Entzug der Genehmigungen konnten mißliebige Publikationen verhindert werden. Im Herbst 1939, als der Krieg ausbrach, wurden schließlich alle englischklingenden Serienhelden verboten. Quasi über Nacht mußten viele Buch- und Heftreihen Aussehen und Inhalt ändern! Aus Jim Hoover, der Titelfigur von *Alaska-Jim. Ein Held der kanadischen Wälder* wurde der Deutsche Rolf Rauhaar, und aus der Nebenfigur, Old Crow, einem alten Indianer, wurde Alt-Grau. Die Reihe selbst wechselte ihren Serientitel und hieß nun *Sturmvogel. Mit Büchse und Toboggan durch die Arktis.* Fettgedruckt wurde im Heft vermerkt: »Die Serie Sturmvogel entspricht den Anforderungen der neuesten Richtlinien«.

Der deutsch-amerikanische Detektiv Tom Shark verlegte seinen Tätigkeitsbereich nach Brasilien, er fungierte nun als Mitglied der Polizei von Rio und hieß jetzt Wolf Greif. Der Verlag machte seinen erstaunten Lesern die neue Sachlage wie folgt klar: »Wolf Greif und Peter Strunz sind zwei junge Deutsche, die sich den Wind aller Erdteile um die Ohren wehen lassen. Peter Strunz ist Berichterstatter der Zeitung Journal do Commcercio, für die er seine Erlebnisse mit Wolf Greif niederschreibt.« Die Titelbilder der neuen Hefte wirkten farblos, die Titel selber versprachen wieder einmal mehr, als sie halten konnten: »Inkagold«, »Die grüne Schlange«, »Haifischjäger« usw. Doch trotz dieser vielversprechenden Titel welkte der neue Held dahin, bis das endgültige Aus kam.

Die bereits fertigen John Kling- und Billy Jenkins-Manuskripte wurden fieberhaft umgeschrieben und erschienen danach ohne Serienmerkmal in einer Auffangreihe, dessen Held den strammdeutschen Namen Robert Ramm trug. Die durch das Verschwinden von Kling und Jenkins gerissene Lücke versuchte der Dietsch Verlag außerdem noch dadurch zu schließen, daß er eine vorher verlagsintern eingestellte Serie wiederbelebte. So erschien nach zweijähriger Pause plötzlich wieder die Abenteuer-Reihe *Hein Class* am Kiosk. Die Erlebnisse des deutschen Seemannes wurden nun in linientreuer Ausrichtung unter die Volksgenossen gebracht.

Die kleinen, weißen Bändchen mit dem blauen Titelbild erlebten sogar noch nach dem Zusammenbruch ein Comeback. Der Dietsch

Verlag wurde durch die Wirren des Krieges nach Hohegeiß im Harz verschlagen, dort gab man im Jahre 1950 *Hein Class' Seefahrten und Abenteuer* noch einmal heraus, wobei textlich kaum veränderte Abenteuer der NS-Zeit in der gleichen Aufmachung noch einmal verwandt wurden. Aber der gute Hein hatte kein Glück mehr, schon nach ein paar Nummern mußte er erneut die Segel streichen.

Daß das NS-System im Grunde beabsichtigte, der privaten Konkurrenz auf dem Gebiet der Groschenhefte den Garaus zu machen, das zeigt die Mitteilung, die der Freya Verlag erhielt, als er nach dem endgültigen Verbot von *Wolf Greif* intervenierte. Die Antwort lautete: »Auch nach dem Endsieg ist eine erneute Lizenzerteilung für die Serie *Wolf Greif* nicht möglich!«

Trotzdem dürften wenigstens 80 Serien in den Jahren zwischen 1933 und 1944 auf den Markt gebracht worden sein, die sich im wesentlichen in drei Kategorien einteilen lassen – in die Reihen mit allgemeinen Charakter ohne Titelheld, die typischen Groschenhefte mit Serienheld und schließlich in stark nationalistisch gefärbte, kriegsverherrlichende und kriegsvorbereitende Publikationen.

Der Heftroman ohne fortlaufende Helden

Eine äußerlich-attraktive Serie war *Abenteuer aus aller Welt.* Die in Berlin erscheinende, großformatige Reihe mit farbenprächtigen Titelbildern versprach, das Abenteuerbedürfnis der Jugend zu erfüllen. Die Cover waren im reißerischen Stil der alten Schmöker gestaltet – Indianer, Cowboys oder Piraten tummelten sich auf den Titelblättern. Unter den Autoren befanden sich viele bekannte Jugend- und Abenteuerschriftsteller, etwa Otfrid von Hanstein, Karl May, Fr. Meister, H. Goedsche usw. Die Auswahl der Texte jedoch geschah streng nach nationalsozialistischen Gesichtspunkten. Einige Titel verrieten diese Tendenz: »Burenblut«, »Hölle Sewastopol«, »Ohm Krüger der Held«, »Farm in Südwest« u. ä. Es gab allerdings auch abenteuerlich klingende Bände wie »Piraten vor Puerto Belo«, »Trommeln am Mohawk« oder »Der Tiger von Bengalen«, was aber keineswegs bedeutete, daß diese Erzählungen unpolitisch waren.

Ein ähnliches Großformat hatte die Reihe *Tatsachen, Romane und Berichte* des Freya Verlages. In der Werbung für die Reihe hieß es: »Wir bringen in dieser Art erstmalig in einer Wochenromanserie Begebenheiten aus dem Leben berühmter Persönlichkeiten, die auf Tatsachen beruhen.« In den Heften wurden Geschichten um die Zarin gesponnen oder Prominente wie Richard Wagner und Robert Koch den Lesern nahegebracht. Es fällt auf, daß es gegen Ende der dreißiger Jahre noch einmal eine erkleckliche Anzahl von großformatigen Serien gab. Sie hatten zwar nicht mehr genau das Format der Nick Carter-Hefte, waren aber größer als die üblichen Mittelformatserien und boten mit Umfängen bis zu 96 Seiten die Möglichkeit, umfangreichere Manuskripte unterzubringen.

Das eben Gesagte gilt auch für den *Dreißig Pfennig Roman* des Berliner Aufwärts Verlages. Die Hefte hatten zuerst ein wirklich ansprechendes, farbiges Titelbild, später unter den Kriegseinwirkungen wurden die Cover dieser Reihe einfarbig und immer trostloser. Das Program der *Dreißig Pfennig Romane* umfaßte Kriminal-Abenteuer- und Liebeserzählungen. Zuerst wurden auch noch Manuskripte so bekannter ausländischer Schriftsteller wie R. L. Stevenson, Conan Doyle oder Sven Elvestad veröffentlicht, später jedoch verschwanden all diese Titel aus den Aufstellungen der lieferbaren Hefte.

Im vorletzten Kriegsjahr, die Alliierten waren bereits in der Normandie gelandet, startete man in Berlin noch eine Kriminalserie im Großformat, die den Titel *Forum. Der deutsche Kriminalroman* trug. Es sind allerdings nur eine Handvoll Titel davon erschienen, die Hefte waren unscheinbar aufgemacht und auf billigstem Papier gedruckt.

Josef Viera, ehemaliger Afrikareisender und eifriger Verfechter der Kolonial-Idee, versuchte sich in den vierziger Jahren mit einer Heftreihe namens *Afrika Bücherei*, brachte es aber ebenfalls auf nicht mehr allzu viele Ausgaben.

Es fällt auf, wenn man die Geschichten in all diesen Reihen Revue passieren läßt, daß immer wieder der Name Gerstäcker auftaucht. Er war so etwas wie der Renommier-Autor des deutschen Heftromanes geworden. Im Jahre 1942 kam schließlich eine Serie heraus, die sich ganz auf sein literarisches Schaffen stützte: *Fr. Gerstäckers Reise- und Abenteuerromane aus allen Teilen der Welt.* Gerstäcker war hier unter eine martialische Fuchtel geraten, denn die Hefte wurden im Verlag für Militärgeschichte und Deutsches Schrifttum, Naumburg/Saale verlegt. Es waren Publikationen im konservativen Stil, die Cover wirkten der Zeit angemessen trist. Lediglich die Titel ließen noch etwas von der Farbigkeit der alten Heftromane ahnen, z. B. »Das unheimliche Wrack«, »Die Rache der Cayota« oder »Der Waldäufer«.

Heftreihen mit ständig wiederkehrenden Titelhelden waren den Nationalsozialisten ein besonderer Dorn im Auge. Die Jugend, die vom Staat umworben wurde, wie es noch nie der Fall gewesen war, sollte keine anderen Götter neben der Partei haben.

Im Jahr der Machtübernahme hatte der Freya Verlag zunächst noch eine typisch altmodische Krimi-Serie aufgelegt. *Black Bird. Der schwarze Vogel von Scotland Yard.* Der Stichwortgeber, Biograph bzw. Adlatus des Helden berichtet von den Abenteuern, die er mit seinem Idol erlebt hat. Diesmal war der Berichterstatter ein englischer Arzt mit dem vielsagenden Namen Harald West, hinter dem Pseudonym verbarg sich die Hausautorin des Verlages Elisabeth von Aspern. *Black Bird* war eine Kopie der *Tom Shark*-Reihe. Als sie anfing, der echten Shark-Serie im eigenen Haus Konkurrenz zu machen, wurde sie kurzerhand schnell wieder eingestellt. Der rührige Freya Verlag hatte ab der Mitte der dreißiger Jahre noch eine weitere Krimi-Reihe im Programm, sie nannte sich *Detektiv Robby Ix* (später Robby King), ein Teil dieser Manuskripte stammte wiederum von Elisabeth von Aspern.

Mit ihr und Lisa Bartel-Winkler gab es damals zwei sehr aktive Autorinnen im Heftgenre. Frau von Aspern schrieb etwa für *Tom Shark, Wolf Greif, Robby King, Black Bird, Will Morton* und die *Moderne Kriminal-Bibliothek*, soweit mir bekannt. Lisa Winkler verfaßte zusammen mit ihrem Mann Fritz Bartel Erzählungen für Serien wie *Alaska-Jim, Sturmvogel* und *Bob Hunter.*

Als die meisten Serien dann bereits verboten waren, kam im Vaterhaus Verlag, Niedersedlitz, die *Frank Faber's Abenteuer*-Reihe heraus. Es wurde die letzte Heftreihe mit gleichbleibendem Titelheld, die während der NS-Herrschaft erschien. Geschrieben wurde sie von R. Blasius unter dem Pseudonym Karl Richard, in Aufmachung und Handlungsorte erinnerte die Reihe an *Rolf Torring*, erreichte jedoch nicht annähernd dessen Popularität. Frank Faber wurde als Amerikaner mit deutscher Mutter vorgestellt, sein Begleiter Patrick Button stammte aus Irland. Als England 1939 zum Erzfeind wurde, taufte man Frank Faber in Fred Faber um und machte aus dem Iren Button den Deutschen Hein Lemke. Drei Jahre lang reiste der neue Held durch die Welt, ehe er schließlich in Neuguinea mit der Nr. 124 »Kai-Kai« sein Heftdasein beendete. Neben all diesen Abenteuer- und Kriminalserien hat es natürlich auch diverse Wildwestreihen gegeben.

Der Westernheld des 3. Reiches –
Billy Jenkins

Coopersche Indianerromantik war allerdings nicht mehr gefragt. Die meisten Wildwestromane der dreißiger Jahre handelten von Weidekriegen, Gun-Men, dem aufkommenden Bandenwesen, dem Gold- und Ölboom und ähnlich modernen Themen. Die bekannteste Publikation dieser Art war ohne Frage *Billy Jenkins*, die erste typische Cowboy-Serie aus Deutschland. Es waren kleine, einfarbige Hefte, die in der linken oberen Ecke das Konterfei des Titelhelden trugen; die Cover zeigten zumeist retuschierte Filmfotos. Von den 22 Autoren, die von 1934 bis 1939 die Abenteuer des Zirkusartisten und Cowboykönigs erfanden, tat sich besonders P. O. Erttman hervor, der über achtzig Manuskripte unter den Pseudonymen Paul Pitt und Klaus Temborn beisteuerte.

Der wirkliche Billy Jenkins wurde 1885 als Erich Rudolf Otto Rosenthal geboren und starb einsam in seinem Wohnwagen auf einem Kölner Abstellgleis, 1954 wurde er auf dem Kölner Melatenfriedhof begraben. Schon früh hatte er sich für den Zirkus interessiert, er riß vom Elternhaus aus, fuhr als Schiffsjunge nach Südamerika, arbeitete als Farmer und Cowboy in den USA, war als deutscher Marinesoldat bei der Niederschlagung des Boxeraufstandes in China dabei, trat im Varieté als Kunstschütze und Dompteur auf und reiste später mit einer eigenen Show unter seinem Künstlernamen Billy Jenkins durch die Lande.

Ein reicherfülltes Leben also, ein Leben, aus dem sich viel machen ließ. Der Mythos von Billy Jenkins entstand, als der Dietsch Verlag begann, sein Leben in Heften auszumalen. Außer der Heftserie wurden damals auch noch über fünfzig Bücher mit seinen Abenteuern veröffentlicht. Doch mit einem Westman, auch wenn er deutscher Herkunft war, konnte sich der neue Staat nicht identifizieren, und so wurde auch Billy Jenkins 1939 verboten.

Zehn Jahre danach war der Cowpuncher jedoch wieder da, zunächst im Utah Verlag, später bei Pabel in Rastatt ritt der Held mit dem breitkrempigen Hut erneut durch den Westen und hatte nun fast noch größeren Erfolg als bei seinem ersten Auftritt. In der Nachkriegszeit erschienen immerhin fast vierhundert Jenkins-Titel, ehe die dann innerlich und äußerlich völlig veränderte Serie schließlich 1963 eingestellt wurde. Zwischen 1950 und 1955 gab es außerdem noch über hundert Buchausgaben mit dem Westmann Jenkins; 1976 brachte der A. Melzer Verlag noch einmal einen Reprint der Buchausgabe heraus, der allerdings nicht mehr so gut lief.

Ein Jahr nach dem Start von *Billy Jenkins* begann der Konkurrent des Dietsch Verlages – der Freya – Verlag mit einer völlig anders gearteten Wildwestserie *Alaska-Jim. Ein Held der kanadischen Polizei* taufte man das Kind. Die dünnen, schmalen Hefte hatten gegenüber der *Jenkins*-Serie bedeutend besser gestaltete, farbige Titelbilder, die Kopfleiste zeigte einen energisch blickenden Helden, der von Attributen der Wildwestromantik umgeben war. Das fiktive Mitglied der kanadischen Polizei, Jim Hoover, genannt Alaska-Jim, kämpfte sich durch 226 Geschichten, ehe er 1939 verboten wurde.

Aber wie schon erwähnt, erhob sich Alaska-Jim als *Sturmvogel* wie ein Phönix aus der Asche neu. Das Ehepaar Bartel schrieb von diesem Zeitpunkt an die Serie ganz allein, ihre Texte paßten sich den veränderten Verhältnissen an, die Schurken waren nun ausschließlich Engländer und Franzosen. »›Damned Dutchman‹, hörte ich die Stimme des britischen Offiziers. Er schoß auf mich und die weiße Parlamentärsflagge.« Mit solchen unfairen Gegnern mußte sich nun Rolf Kraft alias Rolf Rauhaar herumschlagen!

Nicht ganz so bekannt wie die bisher vorgestellten Reihen war *Tex Bulwer. Abenteuer im Wilden Westen* aus dem sattsam bekannten Berliner Verlagshaus für Volksliteratur, dem Dritten im Bunde der großen Heftverleger während dieser Jahre.

Die *Rolf-Torring*-Autoren Wilhelm und Hans Reinhard wirkten auch an dieser Heftreihe mit. Der Verlag präsentierte damals die neue Serie mit markigen Worten, die symptomatisch für die neue Richtung des Wildwestromanes waren: »Die Zeiten sind vorbei, da Buffalo Bill durch die Prärie zog, in denen Lederstrumpf und Wildtöter ihre Abenteuer bestanden, heute geht es in den harten Kämpfen um Verbrechertum und Naturgewalten.« Die letzte Wildwest-Reihe, die damals herauskam, war *Bob Hunter. Auf Indianerpfaden* des Freya Verlages. Sie erschien 1937 auf dem Markt und hatte nur zwei Jahre Zeit, sich die Herzen der Leser zu erobern, dann wurde auch diese Serie verboten. Die ersten knapp 50 Hefte liefen unter dem Pseudonym Mark Elling, dann übernahm Frau Barthel-Winkler auch diese Abenteuer-Reihe und verfaßte die restlichen fast siebzig Titel. Der Held wurde zuerst von einem radebrechenden Neger namens Obadja begleitet, später ritt an Bob Hunters Seite der Ire Red Ben. Und auch für Bob Hunter gab es eine Renaissance. Der Utah Verlag legte 1958/59 die Serie erneut auf. Es wurden nun allerdings gleich zwei bis drei Vorkriegsmanuskripte zu einem Heft zusammengefaßt. Aber weder Text noch Cover schienen noch einmal das Wohlwollen der Leser zu finden und so wurde die Reihe schon bald wieder eingestellt.

Zu den heute gesuchtesten und erfreulicherweise auch am leichtesten zu findenden Heften der Vorkriegszeit gehören schließlich *Rolf Torrings Abenteuer.* Drei Jahre vor der Machtergreifung erschien dieser Longseller zuerst im Heftimperium des Berliner Verlagshauses für Volksliteratur, und selbst heute noch, über fünfzig Jahre danach, ist die Serie, wenn auch nur als Reprint, in einem kleinen Braunschweiger Verlag erhältlich. *Rolf Torrings Abenteuer* waren ein Glücksgriff des Berliner Verlages. Die Serie wurde zur erfolgreichsten Heftreihe dieser Zeit, teilweise erreichten einzelne Hefte über 20 Auflagen. Die Titel der Geschichten weckten damals in idealer Weise die Sehnsucht nach der Ferne und stachelten die Abenteuerlust der jungen Leser an. Gleich im ersten Heft, Titel: »Das Gespenst im Urwald«, wurde das Heldentrio komplett vorgestellt: Rolf, sein Wasserträger Hans Warren und der riesige Neger Pongo, dessen stehende Bitte »Massa Pongo machen« sprichwörtlich wurde. Im Laufe der 445 Abenteuer rettete Pongo seinen Massa wohl unzählige Male aus gefährlichen Situationen. Geschrieben wurden diese Hefte zum Großteil von Wilhelm Reinhard, einem Routinier der Branche, der mit seinem Bruder Hans an vielen Serien mitarbeitete. Untrennbar verbunden mit Rolf Torring sind die Cover vom Hauszeichner Prof. Alfred Roloff. Die kleinen, hellbraunen Bändchen lassen die Herzen der altgewordenen Leser von damals noch heute höher schlagen. Der Verlag betrieb übrigens schon so etwas Public Relations, es wurden Anstecknadeln, Postkarten u. ä. angeboten, und auf der Rückseite der Hefte war oft eine Landkarte abgebildet, auf der man den Weg der Helden über die Kontinente hinweg verfolgen konnte.

Die Verlagsinhaber hatte der Krieg nach Bad Pyrmont verschlagen, und schon fünf Jahre später begann man dort wieder mit der Herausgabe der alten Serie. Sie erschien im vertrauten Format, mit den Titelbildern im liebgewordenen zarten Braunton und bis zur Nr. 30 sogar mit unveränderten Texten. Insgesamt zehn Jahre lang war Rolf Torring nun noch einmal im Rennen, zum Schluß jedoch ging es rapid bergab. Die Serie veränderte mehrmals ihr Format, wurde größer und größer, und die Titelbilder wirkten immer kitschiger. Dazu kamen völlig neu geschriebene Texte, von denen sich die alten Torring-Fans mit Grausen abwandten, und so wurde die Nachkriegsserie im Jahre 1960 mit der Nr. 273 eingestellt.

Fünf Jahre nach dem Exitus gab es noch einen Versuch, Rolf Torring auf die Leinwand zu bringen: Die Rapid Film München brachte *Der Fluch des schwarzen Rubin* in die Kinos; Peter Carsten, bekannt

Idealer Held der Nazizeit –
der U-Boot-Fahrer *Jörn Farrow*

aus den *08/15*-Filmen, spielte den Nebenhelden Hans Warren. Der Streifen erwies sich jedoch, trotz der Außenaufnahmen in Bangkok, als Flop.

Abermals verging gut ein Jahrzehnt, dann tauchte der Weltenbummler mit den Breecheshosen erneut in Deutschland auf. Ein Münchner Verlag startete 1979 eine Taschenbuchreihe unter dem Signum »lentz pockets«. Jeweils drei Torring-Hefte wurden zu einem Band zusammengefaßt. Es reichte jedoch nur zu vier Ausgaben, immerhin aber fand dieser erneute Auftritt des alten Helden seinen Widerhall in nostalgischen Berichten im Feuilleton der FAZ und der WELT.

Als sich in den frühen dreißiger Jahren herausstellte, daß die *Torring*-Reihe ein Erfolg wurde, kam man im Berliner Verlagshaus für Volksliteratur auf den Gedanken, noch eine zweite, ähnliche Serie aufzulegen. Im *Torring*-Heft Nr. 82 (»Die Tempel-Tänzerin«) bereitete man die Leser dann zuerst auf die Parallelserie vor, als Rolf in Indien mit einem deutschen U-Boot-Kapitän namens Hans Farrow zusammentraf. Der Kapitän hatte sich 1918 dem Zugriff der Siegermächte entzogen und sich mit seinen Leuten auf einem Südsee-Atoll versteckt. In diesem Abenteuer empfiehlt nun der U-Boot-Mann dem Torring-Erzähler, sich auch um seine, Farrows-Abenteuer, zu kümmern. So erschien dann 1932 die Nr. 1 mit dem Titel »Der Schrecken der Meere« dieser neuen Reihe. Jörn Farrow, der Sohn des Kapitäns, diente als jugendliche Identifikationsfigur. Die Abenteuergeschichten wurden hauptsächlich von Hans Reinhard geschrieben. Aufmachung und Umfang war bei beiden Serien gleich, lediglich die Einfärbung der Cover und die Zeichner unterschieden sich – die Titelbilder von *Torring* waren hellbraun, hellgrün die bei *Farrow*; Prof. Roloff entwarf die *Torring*-Titelbilder, der Zeichner W. Plantikow die Cover für *Jörn Farrow*. Plantikow erreichte nie die zeichnerische Atmosphäre, die Prof. Roloff zustandebrachte, wie überhaupt die Serie selber immer Zweiter blieb. Trotzdem wurden natürlich beide Serien damals von den Lesern verschlungen, kein Geringerer als der Dichter Siegfried Lenz verriet einmal zu diesem Thema: »Ich las *Torring* und *Farrow*, ich las sie sitzend und stehend, im Schein der Taschenlampe unter der Bettdecke.«

Wie *Torring*, so hing auch *Jörn Farrow* nach dem Krieg bald wieder am Kiosk, 1951 kam die Nachkriegsausgabe auf den Markt. Bis zur Nr. 166 erschien sie im altvertrauten Kleinformat, dann wechselte Farrow das Format, und wie bei Torring wiederholte sich auch hier die

Pleite. Neue Texte und plakative Cover zogen keine neuen Leser mehr an. Das Konzept wurde nicht akzeptiert und so ging die Reihe 1960 mit der Nr. 241 wieder ein.

Die nazieigenen Publikationen

Unmittelbar nach der Machtergreifung versuchten die cleveren Hefte-Produzenten die Partei rechts zu überholen, diesen Trick hatte man ja schon 1914 mit Erfolg angewandt. Die gewohnten Serien trugen nun auf einmal Untertitel wie »Braune Bibliothek« oder »Die braune Reihe«. Ganz besonders linientreu gaben sich dabei Verleger, die ihre Serien *Ein Hitlerjunge erlebt*, *Die Fahne hoch* oder *Sieg Heil* nannten. An diesen Erbauungsheften, so hoffte man, würden sich die Zensoren die Zähne ausbeißen.

Die Serie *Sieg Heil* etwa kam im Jahr der Machtergreifung heraus, auf den Titelbildern rollten Panzer heran, explodierten Granaten oder bedrohten schuftige Engländer deutsche Verwundete mit dem Bajonett. Herausgeber der Reihe war der »Jugendführer« Heinz Schäfer. Nationalsozialistische Heldenverehrung betrieb auch die in Belin erscheinende Serie *Die Fahne hoch.* Auf dem braunen Rand des Cover prangte die Hakenkreuzfahne, und die Titel verkündeten den neuen Geist: »Der Kampf um die Feldherrnhalle«, »Unser Führer A. Hitler«, »Horst Wessel«. Der Verlag selbst teilte mit: »Wir hoffen, mit unserer *Braunen Reihe* dazu beizutragen, daß auch in der Jugend deutscher Geist und Liebe zum Vaterland Einkehr halte und daß die ruhmreichen Vorbilder Ansporn sein sollen, es den großen Helden gleichzutun an Opferliebe und Hingabe zu Volk und Vaterland.«

Im Dresdner Buchverlag erschien ebenfalls 1933 *Helden der Nation* mit dem Untertitel *Braune Bibliothek!*

Hier wurde Hurra-Patriotismus en gros verbreitet, das Pathos der Titel spricht für sich: »Deutsches Blut für deutsche Brüder«, »Ein Volk in Ketten«, »SA-Sturm Nr. 5«, »Horst Wessel«. Erstaunlicherweise konnte sich diese Serie drei Jahre (1933–1936) lang halten, ehe der Zensor zuschlug. Opportunismus zahlt sich eben nicht immer aus, auch eine braune Decke schützte die Hefte nicht vor dem Verbot. Der Neue Buchverlag Dresden hatte übrigens noch weitere, einschlägige Eisen im Feuer. Im gleichen Format (Klein-Oktav) kam dort *Deutsche in aller Welt* heraus, der Untertitel weist auf das Themengebiet hin: »Packende Schicksale aus der Geschichte der deutschen Kolonien.«

Und so machte man dort in Buren-Nostalgie oder teilte durch die Titel trutzig mit: »Südwest bleibt deutsch«, »Der Farmer Klaßen sucht neues Land« oder »Peter Klaßen trekt durch Südwest«. Das Äußere der Schmöker war primitiv, winzige Bleistiftzeichnungen schmückten die Cover, die Texte waren ideologieüberwuchert. Das Gleiche gilt auch für *Piraten Entdecker* aus dem gleichen Verlag. Der Verlag betrieb bei der Gestaltung der Hefte Mimikry bis zur Selbstverleugnung, jeglicher Seriencharakter wurde von den Titelbildern entfernt (keine Nr., kein Preisaufdruck, keine Heftaufstellung auf dem Back-Cover). Die Cover selber hielt man nüchtern und unauffällig, die Hefte waren so am Kiosk regelrecht zu übersehen.

Einen anderen Weg, die neuen Machthaber gütig zu stimmen, gingen Verleger, die alte Reihen wiederbelebten. Hatte z. B. eine Serie 1914 *Der Krieg* oder *Unsere Wehrmacht in Krieg und Frieden* geheißen, so ließ sie sich sogar ohne Titeländerung wiederverwenden. Da Reichsmarschall Hermann Göring einst ein Flugas gewesen war, setzte man nun auch verstärkt auf Fliegergeschichten aus dem Weltkrieg wie *Episoden aus Fliegerfahrten und Kämpfe in Feindesland* oder *Helden der Luft*. Aber auch idealisierende Lebensgeschichten eines Richthofen, Immelmann oder Boelke halfen den Verlegern nicht, sie entgingen nicht dem Bannfluch der Partei. Es war einfach klüger, mit den Wölfen zu heulen und systemgemäße Lektüre zu produzieren. So schwamm man im nationalsozialistischen Fahrwasser und begann die Jugend mit kriegsverherrlichender Literatur zu versorgen.

Die *Spannenden Geschichten* des Bertelsmann Verlages kamen 1935 heraus, die ersten Bändchen befaßten sich noch mit unverfänglichen Abenteuern wie »Großwildjagd in Afrika«, »Injuna, der Herr des Urwaldes«, »Häuptling Takaru« oder »Carracciola, der Mann ohne Nerven«. Mehr und mehr aber drangen kriegerische Themen in die Hefte, und bald dominierten Titel wie: »Erlebnisse deutscher Flieger«, »Douaumont, Heldenkampf vor Verdun« oder »Skagerrak, die große Seeschlacht«.

In den später erfolgten Neuauflagen wurden sogar die reinen Abenteuerhefte durch entsprechende Kriegserlebnisse ausgetauscht. Insgesamt befaßten sich ca. 60 % der *Spannenden Geschichten* mit Kriegsthemen; unter den Autoren befanden Männer wie Heinrich Ritter von Düsel, W. Beumelburg oder P. C. Ettighofer. Die graphische Gestaltung der Hefte war ansprechend, ohne direkt reißerisch zu sein, die Cover in zeichnerischer Hinsicht niveauvoll. Mit der auftretenden Papierknappheit im Jahre 1941 mußte der Verlag die Herausgabe der Serie schließlich jedoch einstellen.

Nach dem Zusammenbruch waren die *Spannenden Geschichten* aus Gütersloh in den fünfziger Jahren wieder präsent – mit einer kleinen Änderung –, alle Kriegserlebnisse waren aus dem Angebot verschwunden. Aus der Nr. 9 »Douaumont, Heldenkampf vor Verdun« z. B. war »Gold am Porcupine« geworden, aus »Skagerrak, die große Seeschlacht« »Abenteuer in der Mandschurei«. Verschwunden waren auch Titel wie: »Deutsche Flieger gegen England«, »Deutsche Panzer durchbrechen den Korridor« oder »Jagdgeschwader Schumacher räumt auf«.

Mit Beginn des 2. Weltkrieges 1939 marschierten die Verleger allgemein noch weiter nach rechts. Der Berliner Uhlmann Verlag gab z. B. in diesem Jahr eine Serie heraus, die sich »Weltpirat England« nannte, in der der Imperialismus Englands angeprangert, der Raub der deutschen Kolonien beklagt und das »perfide Albion« tüchtig angeschwärzt wurde. Titel wie »Ausbeuter Indiens«, »Satan in Palästina« oder »Blutiger Sudan« sprechen für sich. Die Cover für diese Hetzschrift lieferte Prof. Roloff, aber auch er konnte der Publikation keinen Glanz verleihen, schon nach gut zwanzig Nummern verschwand der *Weltpirat* wieder. Ob es am mangelnden Interesse der Leser oder an der Reichsschrifttumskammer lag, ist bis heute unklar.

Der *Weltpirat England* ist längst vergessen, nicht vergessen dagegen sind jene drei Serien, die das Bild des Heftromanes in den Kriegsjahren prägten – die Heftreihen des Steiniger Verlages. Im Dezember 1939 stand in fast allen Zeitungen des Großdeutschen Reiches: »Im Auftrag des Jugendführers des Deutschen Reiches und im Einvernehmen mit dem Oberkommando des Heeres und der Kriegsmarine sowie dem Oberbefehl der Luftwaffe wird eine Schriftenreihe für die deutsche Jugend herausgegeben – die *Kriegsbücherei der deutschen Jugend.* Sie soll dem selbstbewußten Stolz der deutschen Jugend, der Steigerung ihres an Vorbildern wachsenden Opfersinns dienen und tiefe Verbundenheit mit den Männern an der Front ausdrücken. Die Hefte entsprechen in ihrem ehernen Gehalt und der soldatisch, schlicht-wirkungsvollen Sprache ganz dem Verlangen der Tatjugend unserer Zeit!«

Die soldatisch, schlicht-wirkungsvolle Sprache sah in den Heften der Kriegsbücherei dabei so aus: »Während Brodersen die Munitionstrommel wechselte, spürte er einen harten Schlag an der linken Schulter – er hatte etwas abgekriegt! Trotzdem schießt er weiter. Der linke

Landserhefte in Sonderausgaben
zur Wehrertüchtigung –
die *Kriegsbücherei der deutschen Jugend*

Arm ist nur mit großen Schmerzen zu gebrauchen, aber Brodersen ist immer noch wie verwachsen mit seinem Maschinengewehr. Unablässig zieht seine Leuchtspurmunition ihre tödlichen Fäden zu den feindlichen Jägern, bis sie endlich einsehen, daß dieser Gegner unbesiegbar ist und abdrehen.«

Baldur von Schirach hatte die *Kriegsbücherei der deutschen Jugend* in einer Rundfunkansprache angekündigt und dabei gesagt: »Wir ersetzen den Kriegskitsch durch die Kriegsbücherei.«

Sowohl in den Kriegs-Serien der privaten Verleger als auch in den staatseigenen Verlagsproduktionen wurde dem Chauvinismus gleichermaßen ein zentraler Platz eingeräumt und der Tod auf dem Schlachtfeld verherrlicht. Auf den Titelbildern der Kriegsbücherei bemühte man sich zudem mit spektakulären, technisierten Kampfszenen um die Gunst der jugendlichen Käufer. Kantige Soldatengestalten im Pulverdampf, Krieg als spannendes Abenteuer war gefragt. Für die Serie wurden diverse Autoren verpflichtet, Authentizität vermittelten Frontkämpfer wie Kapitänleutnant Kaden oder Staffelkapitän Hauptmann Falk. Ein gewisser Dr. Peter Supf trat als Herausgeber der Serie und als Autor auf. Im Laufe der Jahre konnte man anhand der Eintragungen im Impressum seinen Aufstieg genau verfolgen: vom Dr. Supf aus dem Reichsluftfahrtministerium in Heft 20 führte seine Karriere zum Hauptmann in »Handstreich gegen Kowno« und schließlich zum Major in Band 142. Nach dem Krieg blieb der Autor im Milieu und gab ab 1950 im Moewig Verlag die *Fliegergeschichten* heraus. Unter dem Pseudonym W. Derfla schrieb übrigens auch der Filmregisseur Alfred Weidenmann für die *Kriegsbücherei. Junge Adler* hieß denn auch sein Fliegerfilm, den er 1944 für das NS-System drehte.

Die ersten Hefte der *Kriegsbücherei* hatten sich noch mit dem Polenfeldzug befaßt, später wurden Kriegsschauplätze in Skandinavien, dem Balkan, Frankreich und England beschrieben, erst im letzten Drittel der Serie taucht der Krieg im Osten auf. Die *Kriegsbücherei der deutschen Jugend* wurde zusammen mit den zwei anderen Serien des Steiniger Verlages nicht von der Papierknappheit ab 1941 betroffen, alle drei NS-Reihen erschienen bis zum Herbst des Jahres 1944. Erst dann schlug auch für diese systemtreuen Groschenhefte die letzte Stunde, das Deutsche Reich hatte nun Wichtigeres zu tun. Gegen Ende der Kriegsbücherei gab es schließlich noch einige sogenannte *Unverkäufliche Sonderdrucke*, die keinen Preisaufdruck hatten und für besondere Leistungen von der Führung der Hitlerjugend als Auszeichnung an die Mitglieder der HJ verteilt wurden.

Ein paar Monate nach dem Start der *Kriegsbücherei* kam die zweite Naziheftpublikation, die *Erlebnis-Bücherei*, heraus. Erstaunlicherweise enthielt diese Serie kaum Kriegsberichte, sie vertrat eher die Richtung der verpönten Schundhefte, was Titel wie »Begegnung mit Maori«, »Auf der Fährte des Säbelzahntigers«, »Wie der Pekingmensch gefunden wurde« oder »Auf Jagd am Amazonas« deutlich machen. Zur gleichen Zeit, im Jahr 1940, erschien schließlich die dritte Heftreihe der Partei auf den Markt – die *Kolonial-Bücherei*. Sie trug den programmatischen Untertitel »Erlebnisse und Abenteuer tapferer, wagemutiger Deutscher in unseren Kolonien, in fernen Ländern und auf fernen Meeren«.

Ungefähr 40% der Titel befaßten sich mit kolonialen Kriegserlebnissen des 1. Weltkrieges (»Die Fünf von Windhuk«, »Tanga bleibt unser«, »Dakar war die Hölle«, »Vorstoß zum Nil« usw.). Das Schwergewicht der Texte lag jedoch eindeutig auf den Abenteuergeschichten des alten Stils, bei Tierfangerzählungen und wissenschaftlichen Expeditionsberichten; man ging z. B. mit »Hagenbeck auf Tierfang«, war auf »Gorillajagd in Kamerun« oder »Unter Pygmäen am Kongo«. Besonders ins Auge fielen einem bei der *Kolonial-Bücherei* die eindrucksvollen Cover und Federzeichnungen im Inneren von Walter Plantikow.

Die drei wichtigsten NS-Serien waren einheitlich gestaltet und hatten alle am unteren Rand eine Art Banderole, bei der *Kolonial*-Bücherei war sie rot, bei der *Erlebnis*-Bücherei gelb und die *Kriegsbücherei* hatte, passend zum Thema, unten einen schwarzen Aufdruck. Alle drei Serien erschienen im Oktavformat, wiesen je 32 Seiten auf und wurden regelmäßig mit fünf bis sechs Schwarzweiß-Illustrationen ausgestattet.

Aber mit diesen drei Hauptserien des Regimes war die Palette der einschlägigen, typischen NS-Schriftreihen natürlich noch lange nicht komplett, zwischen 1939 und 1949 erschienen wenigstens 50 weitere Serien erzieherischen Charakters.

Da gab es z. B. in Berlin den Verlag *Junge Generation*, der die *Osthefte* und *Die Mädelbücherei* herausgab, ein HJ-Trommler war das Signum dieses Unternehmens. Die *Mädelbücherei* rüstete die BDM-Mädels (Bund Deutscher Mädel) moralisch auf, fast alle Manuskripte dieser Serie wurden übrigens von Frauen geschrieben, ein Novum in diesem Genre. Das *Deutsche Mädel* fand hier die richtige Lektüre mit Titeln wie »Deutsche Frau in Afrika«, »Arbeitsmaiden ganz vorn«, »Als Arbeitsmaid im Osten«, »Deutsche Frau im Sowjetparadies« usw.

Ebenfalls in Berlin kam die *Aufwärts Jugend Bücherei* heraus, die Reihe war von 1939 bis in die letzten Kriegsjahre hinein auf dem Markt.

In Form und Aufmachung nahm die *Aufwärts Jugend Bücherei* die später erscheinenden Steiniger-Serien bereits vorweg. Die Titelbilder waren zwar farbig, die zeichnerische Ausführung jedoch meistens steif und ungelenk. Ab Nr. 31 verschwand übrigens der Serientitel vom Umschlag. Die Themenskala war breit und reichte von unverfänglichen Erzählungen wie »Thunfische vor Krk« oder »Schill der Rebell« bis zu Titeln wie »Flucht aus polnischen Gefängnissen« oder »Flugzeugmarder Westwärts Ho«. Das letztere Heft stammte aus der Feder Rolf Italiaanders, einem Schriftsteller, der sich nach dem Krieg einen Namen als Sammler und Sachbuchautor machte. In seiner Bibliographie fehlt allerdings einiges aus seinen Sturm-und-Drang-Jahren, an die »Japanischen Heldengeschichten«, die er 1939 veröffentlichte, möchte er ebensowenig erinnert werden wie an Publikationen wie »Pour le mérite Flieger mit zwanzig Jahren«, oder »Manfred Freiherr von Richthofen, der beste Jagdflieger des großen Krieges«, beide ebenfalls aus den späteren dreißiger Jahren. Der Aufwärts Verlag, der die obengenannten Jugend-Bücher herausgab, brachte auch kurz vor Toresschluß 1943 noch eine Heftreihe mit dem Titel *Ritterkreuzträger des Heeres* heraus. Zum Teil kamen auch diese Hefte als Sonderdruck für die Hitlerjugend auf den Markt, im Impressum stand markig: »Erschienen auf Veranlassung des Oberkommandos des Heeres.«

Jeder Heeresteil hatte bald seine eigenen Groschenhefte: Der Hillgers Verlag in Berlin etwa gab im Auftrag des Oberkommandos der Luftwaffe 1941 die Serie *Flieger deutsches Schicksal* heraus. *Flieger des Weltkrieges. Asse des 1. Weltkrieges* lautete der Titel einer Heftreihe, die vom Luftwaffenführungsstab herausgegeben wurde. Im Auftrag des Reichsmarschalls Hermann Göring publizierte der General der Jagdflieger 1943 schließlich die Reihe *Unsere Jagdflieger. Ihr Leben und ihre Leistungen in Einzelschicksalen.* Die Hefte hatten ein betont schlichtes Cover, im Inneren befaßte man sich mit Helden wie »Mölders, Marseille, von Werra oder Galland«. Jedes Heft war mit diversen Fotoseiten ausgestattet, unter den Verfassern befanden sich renommierte Leute wie Walter von Molo (Autor der Fridericus-Trilogie) oder F. L. Neher, der selber Flugkapitän war und nach dem Krieg Sachbücher und Romane schrieb. Das Hohelied des Flugasses von Maltzahn etwa schrieb ein damals dreißigjähriger Doktor, der später der erste Intendant des ZDF werden sollte – Karl Holzamer.

Den zukünftigen Infanteristen dagegen lieferte der Deutsche Volksverlag in München einen Lehrgang in Sachen Wehrkunde, dort erschien ab 1940 die Heftreihe *Waffenhefte*, herausgegeben vom Oberkommando des Heeres. Es war eine Publikation ohne Numerierung und Preisaufdruck, die einzelnen Titel lauteten einfach. »Die Infanterie«, »Eisenbahnpioniere« oder »Die Nachrichtentruppe«. Ebenfalls vom Oberkommando des Heeres herausgegeben wurden die *Lesebogen des Heeres*, die in Halle erschienen und der Jugend zuriefen: »Vorwärts und ran an den Feind« (Heft Nr. 1). Im parteieigenen Eher Verlag, dem Zentralverlag der NSDAP, erschienen die *Kleinen Kriegshefte*; diese wehrpolitische Serie kostete pro Heft nur 10 Pf, dafür bekamen die Käufer eine Publikation, die verschwenderisch mit Fotos der Kriegsberichterstatter versehen war. Hier tönte es von den Titelbildern: »Bomben auf Engeland«, »Siegeszug durch Frankreich«, »Wir schmieden die Waffen«.

Die Zeit nach 1945

Vorspiel

Der österreichische Frühstart

In den ersten Nachkriegsjahren lagen die deutschen Städte in Trümmern, die österreichischen Städte aber waren z. T. etwas besser davongekommen. So erschienen die ersten Groschenhefte schon ein Jahr nach dem Zusammenbruch des Großdeutschen Reiches in Österreich. Im zerbombten Restdeutschland herrschte Papierknappheit, in Österreich sah es in dieser Beziehung dagegen etwas besser aus. So kam es zwischen 1946 und 1950 dort zu einer Flut von Heftserien, die reißenden Absatz fanden, da es sonst fast nichts zu lesen gab.

Natürlich war auch in der Alpenrepublik Papier knapp, man war aber erfinderisch und druckte z. B. das Titelbild auf altem Kartenmaterial.

Die ersten Nachkriegsjahre boten wie die Zeit nach dem 1. Weltkrieg einen idealen Nährboden für Fluchtliteratur jeglicher Art. Innerhalb kurzer Zeit kam es zu einer explosionsartigen Ausweitung des Heftangebotes in Österreich. Die Serien tauchten wie Kometen auf – verschwanden aber oft ebenso schnell. Ein Großteil der Reihen brachte es nur auf fünf bis zehn Nummern, manche auch nur auf eine einzige Ausgabe.

Doch diese Blütezeit hatte auch ihre Schattenseiten. Im Jahre 1950 war in Österreich das Gesetz zum Schutze der Jugend gegen sittliche Gefährdung erlassen worden, von diesem Zeitpunkt an kämpften die Behörden gegen die Verleger. Und sofort waren auch sie wieder da, die Herausgeber sogenannter »guter Jugendliteratur«. Jugendorganisationen der Parteien betätigten sich in den ersten Jahren als Herausgeber derartiger Serien. Die Freie Österreichische Jugend etwa gab 1946 die Reihe *Das neue Abenteuer* heraus, die Sozialistische Jugend Österreichs produzierte im Vorwärts Verlag die Serie *Alaska Kid.* Beide Organisationen bekämpften sich später mittels Denunziationen bei den Behörden und ließen Verbot auf Verbot über die Heftserien der anderen Seite niedergehen.

Es gab weiter einschlägige Publikationen wie *Frische Saat* oder *Wunderland.* Zur guten Lektüre gehörte auch die Reihe *Das große Abenteuer* (1952) des österreichischen Buchclubs der Jugend. Die Serie mit dem einfallslosen Titel enthielt Novellen bekannter Dichter, Märchen und Sagen.

Zwischen den Verteidigern der abendländischen Kultur und den normalen Heftverlegern kam es zu laufenden Auseinandersetzungen. Der Falken Verlag berichtete z. B., daß er innerhalb kurzer Zeit mit neun Verboten belegt worden sei - Antragssteller war jedesmal der österreichische Buchclub der Jugend.

Typisch für die österreichische Szene war auch, daß oft die Verleger gleichzeitig Autoren waren. Sie versteckten sich allerdings meist hinter werbeträchtigen, amerikanisch klingenden Pseudonymen. Der Steffek Verlag in Wien z. B. befand sich im Besitz von Josef und Maria Steffek, dort erschienen zwei SF-Serien: *Star Utopia* und *Uranus.* Autoren dieser Reihe waren angeblich Cor Droog, Fr. Palusselli, Edward Francis und Patrick Houston. Nur einmal verriet man sich, als auf dem Cover »Jo Steff« stand.

Zu den besonders rührigen Unternehmen gehörte auch der Wrba Verlag, deren Inhaber Walter und Lisa Wrba waren. Sie gaben zeitweilig etwa zehn Heftreihen heraus. Auch hier ist zu vermuten, daß sich hinter dem im Impressum aufgeführten Satz »für den Inhalt verantwortlich W. Wrba« der eigentliche Autor versteckte. Die berüchtigste Heftserie jener Zeit war aber wohl *John Kill. Der Sklavenjäger.* Die Reihe kam ca. 1948 in Wien heraus und bestätigte alle Vorurteile, die die Jugendschützer immer gegen Schundhefte erhoben haben. Die Titel verrieten sofort, woher der Wind wehte: »Niggerfracht für Omega«, »Kannibalenjagd« oder »Negeraufstand«.

Da sich kein Impressum in den Heften befindet, ist anzunehmen, daß die Serie schwarz auf den Markt gebracht wurde. Im Mittelpunkt stand John Kill, ein Verbrecher und Menschenhändler, der ständig auf der Jagd nach schwarzem Elfenbein war. Die Handlung strotzte nur so von Untaten, es wurde ausgiebig geplündert, gemordet oder vergewaltigt. Johns ergebener Begleiter ist Lubbu, ein Malaie. Einst sollte er zu Tode gefoltert werden; man schnitt ihm Ohren und Nase ab, skalpierte ihn, aber er überlebte. Dieser Adonis etwa pflegte Johns Schulden wie folgt zu bezahlen: »Zehn Goldstücke, Ihr Herren«, stieß der Fischer hervor. Lubbu ließ ein kurzes Lachen hören. »Da hast du sie, Narr«! Seine Faust schloß sich um den Kolben der Pistole, krachend

Ein weiteres Produkt aus der Feder
des österreichischen Pioniers
der Groschenhefte Rolf Murat –
Lord Gressy, der Gentlemandieb

entlud sich der Schuß. Die Ladung von gehacktem Blei und eisernen Nägeln fuhr dem Schiffer zwischen die Rippen.«

Spricht man von der österreichischen Heftproduktion jener Jahre, dann kann man an einem Mann nicht vorbei – Rolf Mauerhardt. Er ragte aus der Masse von Verlegern und Autoren jener Zeit hervor. Im Jahre 1946 startete der Verlag Edition Scala, Wien, einen Wettbewerb. Gesucht wurde ein Schriftsteller, der Geschichten im Stil der alten *Tom Shark*-Hefte schreiben konnte. Rolf Mauerhardt gewann diesen Wettbewerb und begann die Serie *Gerry Thook. Der Meisterdetektiv* zu schreiben. Die Hefte waren in Aufmachung und Format eine Kopie der Tom-Shark-Vorkriegsreihe. Für das gleiche Unternehmen verfaßte er auch noch eine an Rolf Torring angelehnte Abenteuerserie die *Henry Gordon. In Indien (Afrika)* getauft wurde.

Dann machte sich der Autor selbständig, gründete einen Verlag und wurde im Verlauf von zwanzig Jahren der produktivste und fleißigste Autor/Verleger Österreichs. Eine der ersten Reihen aus seinem Verlag und seiner Feder war *Lord Gressy der Gentlemandieb*; auch hier griff Mauerhardt auf ein altes Vorbild zurück, nämlich *Lord Lister, den großen Unbekannten.*

Auch Rolf Mauerhardt mußte einen Partisanenkampf gegen die Behörden führen. Ab 1951 begann es Verbote zu hageln, 1952 waren in Österreich fast 100 Heftreihen mit einem zeitweiligen Verbot belegt. Was konnte man als Verleger dagegen tun? Nun, der Mauerhardt Verlag brachte z. B. die Serie *Kansas Kid* heraus, die verboten wurde. Daraufhin erschienen die Abenteuer des Helden unter dem neuen Serientitel *Kidd Wild West Roman.* Als diese Reihe ebenfalls verboten wurde, machte der Verlag *Kansas Story* daraus. Im Laufe der Monate wurde aus *Kansas Kid* schließlich die *Kansas Collection.* Spitzenreiter dieses Wettlaufs waren seine Prärieromane, die es auf sage und schreibe 24 verschiedene Serientitel brachten. Die letzte Serie aus seiner Feder dürfte dabei *Torgo, der Prinz von Atlantis* gewesen sein; sie lief auch unter dem malerischen Decknamen *Charles de Clermont.*

Von dem in der Nachkriegszeit gewonnenen zeitlichen Vorsprung lebten dann Österreichs Verleger viele Jahre, ehe in den sechziger Jahren die mächtigen bundesrepublikanischen Unternehmen damit begannen, die einheimischen Kleinverleger zu erdrücken. Die österreichischen Behörden taten das Ihrige dazu, um den verhaßten »Schundhefterln« das Wasser abzugraben.

Nur ein Heftverleger überlebte und gibt noch heute eine Heftreihe heraus. Der Hiro Verlag in Wien startete 1949 die Krimi-Serie *Der*

Kriminalroman der Woche (Kommissar Wiltons Kriminalsensationen), die inzwischen weit über tausend Nummern erreicht hat. Ansonsten beherrschen heute die bundesrepublikanischen Produkte die österreichischen Kioskauslagen, dabei waren Wien oder Graz einst Hochburgen einer eigenen österreichischen Heftproduktion. Ungefähr 25 Verleger brachten dort zwischen 1946–1966 über 300 Heftserien heraus.

Die wilden fünfziger Jahre in der Bundesrepublik

Schon kurz nach dem Ende des Krieges erhob das Ungeheuer namens *Schundroman* sein züngelndes Haupt erneut. Es war um 1946/47, der Nürnberger Kriegsverbrecherprozeß fand gerade statt, die Serienproduktion des VW wurde aufgenommen, die ersten Rororo Romane erschienen, zum Ergötzen der Wundergläubigen tauchten Meldungen über UFOS auf, und auf dem Berliner Schwarzmarkt kostete eine Pakkung Lucky Strike 150 Reichsmark und ein Kilogramm Kaffee 1100 RM. Just zu diesem frühen Zeitpunkt traten auch die ersten Verleger von Groschenheften auf den Plan und boten ihre Erzeugnisse an. Die frühen Versuche hatten natürlich noch nicht die sterile Perfektion heutiger Heftromane, es waren magere Ausgaben, auf stark holzhaltigem Papier gedruckt, das Titelbild, falls vorhanden, einfarbig und amateurhaft gezeichnet.

In München erschien z. B. die Serie *Waldläufer. Erlebnisse aus der Pionierzeit Nordamerikas*; für 1,80 Reichsmark erhielt man ein knapp fünfzigseitiges Heft ohne Titelbild, der Text war lediglich mit einem düsteren, einfarbigen Umschlag versehen worden. Andere Reihen dieses ersten Nachkriegsjahres trugen Titel wie *Seltsame Schicksale, Steuben-Blätter* oder *Scheinwerfer-Serie.* Ein Jahr später hatte sich das Angebot schon etwas verbreitert, in Berlin kam im Schimansky Verlag die Krimi-Reihe *Tom Scott* heraus, ebenfalls in der ehemaligen Reichshauptstadt erschienen *Williams Jugendhefte* und *Big Boy Ben* (*Der Lausbub aus Übersee*), auch diese Serie noch ohne Titelbild, nur mit einem schlichten, verstärkten Umschlag versehen.

In den westlichen Besatzungszonen gab es Heftreihen wie *Der moderne Roman für die Tasche, Liebe – Sport und Sensationen, Junge Welt* u. a. Der spätere Chefredakteur der Illustrierten STERN, Henri Nannen, gab 1948 die Serie *Die bunten Hefte* heraus.

Mit der Währungsreform im Sommer 1949 wurde die Volkswirtschaft wieder auf eine solide Basis gestellt, und sofort stieg auch die

Anzahl der Verleger von Unterhaltungsliteratur an. Noch im gleichen Jahr hingen in den Auslagen der Händler 21 neue Heftserien aus, darunter so exotische Reihen wie *Der XYZ Roman, Syrri Afgan der große Unbekannte, Robert Perkins und seine 1000 Abenteuer, Rinaldo Rinaldini Räuberhauptmann und Don Juan, Kapitän Mors der Luftpirat* oder *Ben Cribbs der melancholische Detektiv.*

In den ersten Nachkriegsjahren versuchten ca. 100 Verleger auf dem Sektor dieser Unterhaltungsliteratur Fuß zu fassen. Manche gaben schon nach der Herausgabe von einer Nummer auf, andere hielten etwas länger aus. Zu diesen Longsellern gehörte z. B. der Hamburger Kelter Verlag, der schon während der NS-Zeit 1938 bis 1941 eine Heftserie unter dem Titel *Kelter Romane* herausgegeben hatte. Ebenfalls erfolgreich war der Moewig Verlag, der in Dresden zur gleichen Zeit Heftreihen wie *Der neue Moewig Roman* oder *Der neue Wochen-Roman* produzierte.

Mit dem Rückgang der Anzahl der Verleger ging schließlich auch ein Exitus von Serien einher. Wurden z. B. 1953 in der Bundesrepublik noch 160 Heftreihen angeboten, so waren es 1965 nur noch 87, also 45% weniger. Eine Ursache dieses Konzentrationsprozesses war u. a. das 1953 in Kraft getretene Gesetz über die Verbreitung jugendgefährdender Schriften. Im Jahr der Verabschiedung stellten etwa die Serien *Flying Jack, Kansas Jack, La Salle, Sun Koh, Tom Brack, Tom und Fred* und *Zorro* ihr Erscheinen ein.

Dazu kam noch die um 1955 wieder aufflammende Hatz auf die verderbliche Schundliteratur. Schulen und Buchhandel sammelten Groschenhefte ein und tauschten sie gegen die berüchtigten »guten Jugendbücher«. In dieser Zeit warfen die Verleger der Heftreihen wie *Coyote, Der schwarze Pirat* oder *Das Zelt* das Handtuch.

Während der fünfziger Jahre dominierte im Heftgenre das Dreigespann Abenteuer - Kriminal - Wildwest, die SF-Literatur spielte noch eine untergeordnete Rolle. In dieser Zeit kamen ca. 215 Heftserien heraus, die meisten Reihen, ungefähr 28 %, waren dem Kriminalgenre zuzurechnen.

Aus dem Rahmen fiel dabei die Publikation *Frank Kenney. Kriminalabenteuer aus unserer Zeit*, die 1949 in Hamburg herauskam. Der Held, Sohn eines Automobilfabrikanten, Kriegsteilnehmer und Zehnkämpfer, schlitterte ununterbrochen von einem welterschütternden Fall in den anderen und löste sie mit Hilfe futuristischer Hilfsmittel. Der gute Frank hatte z. B. einen Taschenfallschirm, mit dem er auch aufwärts fliegen konnte, im Absatz seiner Schuhe hatte er einen automatischen Sender versteckt, und im Zahn ruhte verborgen eine kleine Bombe. Der Held wurde mit einem Brillantring konfrontiert, der wie ein Laserstrahl arbeitet, Gefrierbomben verwandelten ganze Hafenanlagen in eine Eiswüste usw. Sein beliebtestes Utensil aber war die Vielzweckuhr, die in ausweglosen Situationen stets als Deus ex machina diente und den Helden unfehlbar rettete. Die Serie wirkte für die damalige Zeit recht ungewöhnlich und actiongeladen, Autor und Leser hatten ihren Spaß an den phantastischen Erfindungen, die Kapitelüberschriften signalisierten das: »Explodiert die lebende Kanonenkugel«, »Die Leiche im Sarkophag des Tom Mix«, »Killt die Bluthunde«, »Herzschuß ist die beste Empfehlung«, »Todespfiff im Hudsontunnel« oder »Todeskulturen aus Krötenblut«.

Sogar der SPIEGEL brachte 1951 einen Artikel über diese unorthodoxe Krimi-Serie. Daraus erfuhr man, daß sie von dem ehemaligen Danziger Propagandaleiter Wilhelm Löbsack geschrieben wurde. Der kleine, bucklige Mann hatte nach 1945 in Nürnberg 38 Monate abgesessen und war danach nach Hamburg gezogen, wo er Anfang der fünfziger Jahre starb.

Ein weiterer Meisterdetektiv mit Namen Jack Morlan kam 1949 in Berlin heraus. Für 30 Pf gab es ein dürftig aussehendes Heft mit ungelenkem Titelbild. Jack und sein Stichwortgeber Frank Stone jagten verbissen das Böse auf der Welt. Das auslösende Element der Geschichte war auch hier, wie in vielen anderen Serien des Genres, der Tod eines der Angehörigen des Helden. Die Reihe hielt sich bis 1952 auf dem Markt. In dieser Zeit startete der Verlag die Reihe dreimal neu, dazu kamen noch einige Buchausgaben, insgesamt gab es 126 Jack Morlan-Ausgaben. Daneben brachte der Verlag Jack Morlan-Postkarten mit dem Konterfei des Helden und eine Jack Morlan-Anstecknadel heraus. Als Verfasser wurde ein gewisser »Freddy Weller« angegeben, ein Pseudonym, hinter dem sich der Verlagsinhaber nebst seinen zwei Söhnen sowie zwei weiteren Autoren verbargen.

Jack Morlan blieb ein Nachkriegsphänomen in der Groschenheftszene, ganz anders als Jerry Cotton, der FBI-Agent, der 1956 auf den Markt gebracht wurde. Von 1956 bis heute schrieben ca. 33 Autoren über 1500 Stories über den G-man aus New York. In 60 Ländern werden die Abenteuer des schlagstarken FBI-Mannes verkauft. Mit einer Gesamtauflage von über 500 Millionen Heften ist Mr. Cotton eine Goldgrube für den Bastei Verlag in Bergisch Gladbach, die Honorare (ca. 1500 bis 3000 DM pro Manuskript) fallen da gar nicht ins Gewicht.

Jerry Cotton ist das, was Perry Rhodan im SF-Genre ist, der King, das unerreichte Vorbild!

Die ungewöhnliche Masche mit den Fürwort-Titeln (»Ich zerschlug die Bande der Fünf«, »Ich und die Staatenbande«, »Ich gegen alle« usw.) zu Beginn der Serie erregte schon damals Aufmerksamkeit. Die Fiktion, daß hier ein FBI-Mann aus eigener Erfahrung berichtet, wurde von den Lesern für bare Münze genommen. Auch wenn es sich dabei um einen uralten Trick der Branche handelte, den Lesern vorzugaukeln, daß sie beim Konsum der Geschichten am wirklichen Leben eines außergewöhnlichen Menschen teilnehmen.

Doch trotz aller Realistik und Schlagstärke blieben Jerry und sein roter Jaguar auch während der Schundjagdzeit in den fünfziger Jahren auf dem Markt. Gerade in den ersten Jahren kam Jerry Cotton bei seinen Lesern besonders gut an: Die Reihe war noch nicht zu brutal, enthielt keine aufdringlichen Sexszenen, und immer herrschten klare Verhältnisse zwischen Jäger und Gejagten. So wurde Jerry Cotton zu einer Art teutonischem James Bond.

Im Laufe der Jahre stellte der Verlag dann die Serie auf eine breite Basis, ab 1965 erschien *Jerry Cotton* auch in Taschenbuchform; zwischen 1965 und 1969 wurden zudem acht Spielfilme mit George Nader in der Titelrolle gedreht. Die Heftserie war mittlerweile in die vierte Auflage gegangen. *Jerry Cotton*, das Flaggschiff unter den vielen Heftserien des Bastei Verlages, erscheint seit 30 Jahren in nahezu unveränderter Aufmachung (roter Heftumschlag mit einem schwarzweißen Standfoto aus einem Kriminalfilm) – ein seltener Rekord an Beständigkeit.

Derartige Erfolge lassen erfahrungsgemäß die konkurrierenden Verleger nicht ruhen. Einige Zeit nachdem *Jerry Cotton* gestartet worden war, brachte der Pabel Verlag seinen *Kommissar X* heraus. Trotz des amtlich klingenden Titels war der Held Jo Walker kein Staatsangestellter, sondern Privatdetektiv. Entsprechend locker bis brutalistisch war auch der Umgangston: »Jo sah das Gesicht. Die Visage von Trix war unverkennbar. Keuchend riß der Gauner die Pistole aus dem Anzug. Aber Jo war nicht faul. Er warf ihm den Kreissägemotor an den Kopf. Heiß flammte die Kugel an Jo vorbei. Walkers Automatic gab ihm die Quittung, der Gangster brach zusammen.« Anscheinend aber fand das Publikum Gefallen an solchen Szenen, denn diese Reihe fand begeisterte Leser, die ihr jahrzehntelang die Treue hielten. Auch *Kommissar X* überschritt die magische Grenze der tausend Titel, es gab eine Zweitauflage, eine eigene Taschenbuchserie und zwischen 1966 und 1971 tummelte sich der Held in sieben Filmen auf der Leinwand.

Neben diesen Großen des Kriminalgeschäftes gab es natürlich auch noch zahlreiche Epigonen. Ausgelöst durch die James Bond-Begeisterung begann man das Geheimdienstmilieu auszubeuten. Die Riege der Agenten marschierte auf, sie nannten sich McCormick, Jeff Conter, Cliff Morris, John Drake, Glenn Collins, John Scott, Jack Kelly oder Mike Taylor. Es gab sogar weibliche Agentinnen wie Honey King oder Natascha Ulowa, die ihren Charme in einer Heftreihe namens *Callgirl-Krimi* versprühten. Aber keiner von den Plagiatoren konnte *Jerry Cotton* das Wasser reichen. Mit Ausnahme des *Kommissar X* verschwanden alle wieder von der Bildfläche.

Mit der Beliebtheit des Kriminalromanes konnte es nur der gute alte Abenteuerroman aufnehmen, ca. 23 % der Serien, die in den fünfziger und sechziger Jahren erschienen, gehörten zu diesem Genre. Sogar das uralte Thema der Piraten fand in dieser Zeit wieder Anhänger. Kurzzeitig erschienen Serien wie *Thorak Thomsen der schwarze Pirat, Klaus Olsen der Schiffsjunge* oder *Der Herr der Meere.* Ein paar Jahre auf dem Markt war *Der rote Corsar* des Hamburger Kilian Verlages, der mit wunderschönen Titelbildern des Zeichners Rohde aufwarten konnte, und die herrliche, leider auch teure Heftreihe des Kleinbuch Verlages in Hamburg *Der schwarze Pirat.*
Im Mittelpunkt der typischen modernen Abenteuerserie der Zeit stand jedoch zumeist ein Reporter bzw. Weltenbummler, der von Abenteuer zu Abenteuer taumelte. *Frank Wolter der Weltreporter* (1949/50) war ein solcher Typ, schon bedeutend moderner war *Freddy Brix der Weltreporter*, der 1957 in Mannheim das Licht der Welt erblickte und gleich im ersten Heft die »Flucht aus Nordkorea« antrat, um gleich darauf einen »Alarm in Canaveral« mitzumachen.

In den fünfziger Jahren machte auch ein Mann von sich reden, der mit dem Fahrrad um die Welt geradelt war – Heinz Helfgen. Neben der Buchausgabe erschien auch eine Heftreihe *Mit dem Fahrrad um die Welt* im Sport und Jugend Verlag, Hamburg.

Hans Reinhard, der jüngere Bruder des erfolgreichen Rolf Torring-Autors Wilhelm Reinhard, versuchte um 1949 in Berlin den alten Helden wiederzubeleben. Da er jedoch das Copyright nicht besaß, erschienen seine Geschichten unter dem Serientitel *Hans Warren Abenteuer.*

Zu den abenteuerlichen Serien, die es nicht schafften, auf dem

Markt zu bleiben, gehörten auch *Ben Bolt, Fred Holm Abenteuer, Robby King Abenteuer, Robert Perkins und seine 1000 Abenteuer, Peter Palms Abenteuer, Kennedy Kent* oder *John Webbs' phantastische Erlebnisse.*

Phantastisch und unorthodox war auch die Reihe *Abenteuer des Zauberers Pimpinello Mystifex* von Heny Hill im Drei Heinzelmännchen Verlag, Hamburg, 1950 herausgekommen. Hier werden die Erlebnisse eines kleinen Zauberers beschrieben, der allerdings nur dann zaubern konnte, wenn er eine Zigarette in der Hand hielt. Um 1950 konnte ihm das viele Männer in Deutschland nachfühlen, Ami-Kippen waren »in«, und die Tabakpflanzen im Garten wurden samt der Strünke sorgsam verwertet. Pimpinello zog also den Rauch ein, blies ihn genüßlich aus, und seine Feinde glaubten plötzlich, daß ihr Schiff sinkt oder daß mächtige Helfer des Zauberers nahten und ergriffen daraufhin die Flucht vor den hypnotischen Gebilden des kleinen Zauberers.

Sehr verbreitet im Milieu des Abenteuers waren Heftreihen ohne Serienhelden, die es ermöglichten, in der Serie Erzählungen bekannter Autoren unterzubringen und mit den renommierten Namen zu werben. Zu derartigen Reihen gehört z. B. die 1948 in Hamburg verlegte Publikation *Arca Romane.* Sie brachte Geschichten von Ruppius, Ferry, Gerstäcker oder Irving, wobei die Hefte, was selten war, die Originaltexte brachten. Entsprechend schwankte der Umfang zwischen 48 und 128 Seiten. Ein ähnliches Konzept verfolgte *Das große Abenteuer* (1953/54); der Helikon Verlag in München präsentierte in diesem Rahmen Texte von Retcliffe, Gerstäcker, Marryat und anderen bekannten Schriftstellern. Zur erfolgreichsten Periodika gehören ohne Frage auch die »Erdball-Romane« die der Kölner Marken (vorher Mardicke) Verlag 1950 ins Rennen schickte. Bis ca. 1975 lief dieser Dauerbrenner und brachte es dabei auf über 1600 Titel. In dieser Reihe erschienen bunt durcheinander Wildwest-, Abenteuer-, Kriminal- und Liebesromane.

Eher nur regionale Bedeutung hatten dagegen die Serie *Männer, Taten, Abenteuer* (Köln 1950), die *Kleine Jugend Bücher* (Berlin 1949) und *Die schwarze Hand* (Stuttgart 1952/54). In Bamberg erschien *Fahrten und Abenteuer* (1952/53) und in Norddeutschland die einschlägigen Heftreihen *Contra* (1953) und *Continent Bücher* (1949).

An dritter Stelle der Beliebtheits-Skala in den fünfziger Jahren stand der Wildwestroman, ungefähr 22 % der veröffentlichten Heftreihen gehörten diesem Genre an. Schon kurz nach der Währungsreform kamen die ersten Serien-Cowboys auf den Markt, innerhalb kurzer Zeit waren 25 bis 30 einschlägige Serien im Angebot. In den ersten Jahren dominierte u. a. die altertümliche Reihe *Coyote*, auch sie erschien im Hamburger Kleinbuch Verlag und war, wie *Der schwarze Pirat*, eine Übernahme aus Spanien; Verfasser der Reihe war José Mallorqui.

Gute Cover, ein hervorragender Stil, zahlreiche Innenillustrationen bei 64 bis 80 Seiten Umfang – dafür waren eigentlich 1,– DM nicht zuviel verlangt. Trotz dieses für damalige Begriffe exorbitanten Preises setzte sich die Heftserie durch. *Coyote* war von 1949–1955 bei uns erhältlich, die Abenteuer des spanischen Granden in Kalifornien zur guten alten Zeit erschienen in 18 Ländern. In der Bundesrepublik etablierte sich damals ein Coyote-Club, der 1950 sogar die Coyote-Festspiele abhielt, und für das florierende Leihbuchgeschäft gab es das Mantel und Degen-Epos in Buchform.

Fast so populär wie Billy Jenkins in der Vorkriegszeit wurde *Tom Prox*, eine Serie, die 1950 gestartet wurde. *Tom Prox* blieb bis 1962, also zwölf Jahre, im Geschäft. Der Held wurde Captain der Ghost-Squad genannt, einer Gruppe von Agenten, die Regierungsaufträge erledigte. Dementsprechend unwildwestlich sind ihre Erlebnisse. So ging es um Ölfunde in Indianer-Reservaten, um Rodeo-Veranstaltungen oder gar um Dinosaurierskelette, die heimlich geborgen werden mußten. Die Gegner des Helden zogen dabei nicht nur den Colt, sondern warfen gleich mit Handgranaten. Auch bei Prox wurde das Marketing-Umfeld erweitert, als der Utah Verlag 150 *Tom Prox*-Bücher herausgab. Der Abi Melzer Verlag versuchte 1976 ein Reprint dieser Buchreihe, hatte aber keinen Erfolg mehr damit.

Besonders in Berlin beherrschte *Tom Brack* die Wildwest-Szene, der Rächer der Entrechteten jagte auf seinem Hengst Blitz durch Steppe und Wüste. Die Reihe wurde vom Pinguin Verlag herausgegeben, ein Unternehmen, das aus finanziellen Gründen mehrfach Namen und Standort wechselte. Der Verlag gab zahlreiche Serien heraus, die alle gleich simpel aussahen. Die Manuskripte des Autors, eines gewissen Kassi Stone, paßten sich dem Niveau an. Da aber das Unterhaltungsbedürfnis groß, das Angebot hingegen klein war, blieb Tom Brack in Berlin populär. In zwei Auflagen erschienen ca. 125 Titel, dazu kamen zwei Sonderbände und eine Boxfibel. In den frühen Nachkriegsjahren hatten viele Groschenhefte noch das altvertraute Kleinformat der dreißiger Jahre. Dies war auch bei der Wildwest-Reihe *Bill Rocky* aus dem Münchner Kauka Verlag der Fall. Die grellen Titelbilder hatten damals einen geradezu magnetischen Einfluß auf die Jugend, die Autoren legten sich noch kaum Beschränkungen auf. Szenen wie folgende waren es demnach, die die Jugendschützer mobilisierten: »Bills Begleiter erwacht nach einem Niederschlag in der Folterkammer des Henkers Moloff. Er liegt nackt auf eine Bank gefesselt und erblickt an den Wänden diverse Folterinstrumente. Ein Dutzend Skelette liegen im Raum, sie haben zerschmetterte Schädel, stark beschädigte Wirbelsäulen und verstümmelte Becken.«

Noch schlimmer erging es Bill Rocky in einem Abenteuer mit sibirischen Trappern: »Das Blut spritzte aus der Schulterwunde. Er achtete nicht darauf. Ein Messer zischte auf ihn zu, er bekam die scharfe Schneide in die Hüfte. Im nächsten Augenblick krachte ein Schuß, wie glühendes Eisen fuhr es Bill über den Rücken. Bill schoß nach links und rechts, von wahnsinnigen Schmerzen gefoltert. Er schoß, gleichzeitig wurde ihm der linke Fuß durchschossen. Bill Rocky sackte blutüberströmt in die Knie.«

Ab der Nr. 28 ging man leider vom handlichen Kleinformat ab und stieg auf das allgemein übliche Mittelformat um, und der Aktionsradius des Westmans erweiterte sich schließlich bis zum Fernen Osten. Wie so viele andere Serien auch, landete *Bill Rocky* schließlich beim Pabel Verlag, wo die Reihe 1954 nach vier Jahren mit der Nr. 108 auslief.

Viele der Western-Heftreihen hatten einen relativ guten Erfolg und konnten sich einige Zeit auf dem Markt halten. Aber die Zeit der Kleinverleger neigte sich gegen Ende der fünfziger Jahre dem Ende zu, langsam setzte der Konzentrationsprozeß ein.

Da half es auch nicht, wenn Verleger Alleinunterhalter spielten. Konrad Kölbl etwa brachte z. B. 1951 die Publikation *Conny Cöll. Der Wunderschütze* heraus. Er war dabei alles in einer Person – Romanheld, Autor und Verlag; trotzdem erschienen im ersten Anlauf nur 20 Hefte. Dazu kamen dann allerdings später noch Leihbuch- und Taschenbuch-Ausgaben sowie eine Neuauflage in den sechziger Jahren.

Leider ist die Zeit für romantische Indianergeschichten im Stil von Coopers Lederstrumpfgeschichten vorbei; nach 1945 gab es nur noch eine Handvoll derartiger Heftreihen. Die fünf Jahre nach Kriegsende in München herausgebrachte Serie *Quer durch den indianischen Kontinent* von Stephen Tanner hatte noch jenes Flair, sie spielte zur Zeit der nordamerikanischen Indianerkriege. Trotz der einprägsamen Titelbilder und spannenden Manuskripte brachte es die Reihe nur auf zehn Ausgaben.

Immer wieder Coopers *Lederstrumpfgeschichten*
als Vorbild – *La Salle*

Ungefähr zur gleichen Zeit wurde in Frankfurt die optisch ansprechendste Indianer-Serie *La Salle. Die abenteuerlichen Erlebnisse des großen Abenteurers* produziert. Auch hier bildeten Cover und Text eine gute Einheit: *La Salle* lud zu einer Reise in eine Vergangenheit ein, als Winnetou und Chingachook noch über die Prärie ritten. Aber auch diese Heftreihe wurde von den Lesern nicht angenommen, und so stellte der Buch Union Verlag die Serie nach 18 Nummern wieder ein.

Ebenfalls gegen Ende der vierziger Jahre kam in Castrop-Rauxel die romantische Heftserie *Pfadfinder* heraus (ab der Nr. 13 in *Sitting Bull* umbenannt); die Titelbilder sahen dabei so aus, als stammen sie aus der uralten Reihe *Berühmte Indianerhäuptlinge* der Kaiserzeit. Immerhin brachte es diese Serie auf 22 Ausgaben, ehe das *Aus* kam.

Im gleichen Verlag erschienen in gleicher Ausstattung und zur gleichen Zeit die Abenteuer des Wild Bill Hickock unter dem Serientitel *Der Kundschafter*, aber auch er ritt nur zehn Abenteuer lang, dann mußte er absteigen.

Ihren letzten Auftritt hatten die tomahawkschwingenden Helden 1959 im Pabel Verlag. Von 1959 bis 1961 hing *Die Rothaut. Spannende Indianer Abenteuer* am Kiosk, mit 72 Titeln die langlebigste Indianer-Serie der Nachkriegszeit. *Die Rothaut* fiel allerdings gegen die Vorläufer bereits deutlich ab, die Cover wirkten steril und plakativ, die Autoren trafen den richtigen Ton nicht mehr. Die Handlung spielte zwar in der Vergangenheit, die Sprache aber entstammte dem Jargon der sechziger Jahre.

Eine relativ untergeordnete Rolle, mit einem Serienanteil von lediglich 5 %, spielte dagegen das Thema Krieg. Nie wieder Krieg – so lautete nach 1945 die Parole, aber schon 1953, gleich nach dem Waffenstillstand in Korea, marschierten die Helden wieder los. Noch im gleichen Jahr legte der Moewig Verlag *SOS Schicksale deutscher Schiffe* und *Fliegergeschichten* auf. Als Herausgeber der *Fliegergeschichten* fungierte Dr. P. Supf, jener Herr, der ab 1939 als Mitherausgeber der *Kriegsbücherei der deutschen Jugend* seinen Mann gestanden und daneben so schöne Werke wie *Luftwaffe schlägt zu, Flieger – Kämpfer – Kameraden* oder *Luftwaffe von Sieg zu Sieg* geschrieben hatte.

Ein Jahr später fügte Moewig seinem Verlagsprogramm die Heftreihe *Seefahrt in alle Welt* hinzu. Herausgeber dieser Geschichten war Fritz Otto Busch, auch er ein Experte; Busch hatte schon 1917 die *Seeschlacht von Skagerrak* geschrieben und verfaßte während der

Einer der letzten Versuche
mit Abenteuergeschichten im Stil
von Coopers *Lederstrumpf* – *Die Rothaut*

NS-Zeit stramm ausgerichtete Seekriegsromane. Das Reizwort *Soldaten* nahm man beim Moewig Verlag erst 1957 wieder in den Mund, in diesem Jahr verlegte man in München erstmals *Soldatengeschichten aus aller Welt*, ein paar Jahre später folgten *Soldaten und Kameraden* sowie *Spionage.*

Der große Konkurrent des Moewig Verlages, der Pabel Verlag, konterte mit der Reihe *Der Landser* (die authentischen Erlebnisberichte zur Geschichte des 2. Weltkriegs), die 1957 zuerst erschien. *Der Landser* beleuchtete vor allem den Krieg im Osten und wurde die erfolgreichste Kriegs-Serie der Nachkriegszeit. Die Serie ist noch heute präsent und brachte es bis jetzt auf über 1500 Titel. Einzelne Hefte trugen so leuchtende Überschriften wie »Flammen über Stalingrad«, »Die Blutmühle von Tawara«, oder »Todesorkan über Tarnopol«.

Der grandiose Absatz stimulierte den Verlag, man begann diese Goldader auszubeuten, in kurzen Abständen erschienen weitere einschlägige Heftreihen, wie *Landser-Großband, Landser-Spionage, Ritterkreuzträger, So lacht der Landser, Klingender Roman der Landser* (mit Schallplatte) usw.

Und natürlich sprangen auch noch ein paar andere Verleger auf diesen Zug auf und steuerten Heftserien bei wie *Die andere Seite, Blaue Jungens, Wolkenstürmer* oder *Signal-Reihe.* Die Anzahl derartiger Publikationen stieg von zwei im Jahre 1953 auf dreizehn im Jahre 1959 an, ehe die Flut der »Blut-und-Eisen-Geschichten« langsam wieder abebbte.

Die bundesdeutsche Science Fiction

Exakt im Jahr der Machtergreifung durch die Nazis erschien die wohl erfolgreichste deutsche SF-Serie der Vorkriegszeit. Der Leipziger Bergmann Verlag startete in diesem Jahr *Sun Koh. Der Erbe von Atlantis.*

Die von P. A. Müller unter dem Pseudonym *Lok Myler* geschriebene Heftreihe stellte eine ideale Verbindung dar zwischen einer Abenteuerserie im Stile von *Rolf Torring*, einer Kriminalreihe, wie sie *John Kling* repräsentiert, und utopisch-phantastischen Elementen. Herkunft und Bestimmung des Helden, eines Nachkommen der Mayaherrscher, lieferten den mythischen Ausgangspunkt. Sun Koh soll einst das wiederaufgetauchte Atlantis in Besitz nehmen. Die 149 Hefte lange Vorbereitung auf das Schlußheft Nr. 150 »Atlantis taucht auf«, in deren Verlauf Sun Koh ein Arsenal von utopischen Waffen und spektakulären Erfindungen anhäuft, steuert dagegen die utopische Komponente bei.

Als dann im Schlußheft im Jahre 1936 endlich der langersehnte alte Kontinent wieder aus den Fluten auftauchte, nahm der Held, nun ideologisch straff ausgerichtet, im Namen der arischen Rasse den jungfräulichen Boden in Besitz. Die Serie entwickelte sich anders, als sie ursprünglich geplant war – die ersten ca. fünfzig Hefte beinhalteten noch vor allem geheimnisvolle Abenteuer vor dem Background der alten Mayakultur. Dann paßte sich der Autor jedoch der allgemeinen Ideologie der Partei an, die Erlebnisse seines Helden wurden immer unverbindlicher und arteten zu rein kriminalistischen Abenteuern aus.

Schade, denn diese Heftserie mit dem Erben von Atlantis nebst seinen Stichwortgebern Nimba, dem Joruba-Neger, und Hal Mervin, dem ehemaligen englischen Liftboy, hätte ein Glanzstück in der deutschen SF-Geschichte werden können.

Die Konzeption der Serie war auf ein breites Leserspektrum ausge-

Actionunterhaltung vor und nach dem Krieg –
Jan Mayen

richtet, und die Jugendlichen des tausendjährigen Reiches nahmen die Reihe voll an. Die Auflage lag zeitweilig bei 100 000 Exemplaren pro Titel, und es mußte sogar eine zweite und dritte Auflage zwischen 1933 und 1939 herausgegeben werden, um den Bedarf zu befriedigen.

Der Autor verarbeitete die Abenteuer seines bronzehäutigen Helden zwischen 1937 und 1939 auch noch zu einer zehnbändigen Buchausgabe und versuchte sich selbst zu kopieren, indem er der so erfolgreichen Sun Koh-Heftreihe eine zweite, ähnlich konzipierte Serie hinterherschickte.

Jan Mayen kam 1937 heraus und löste *Sun Koh* ab. Die neue Serie war jedoch nur ein Abklatsch des Vorgängers, denn von dem Helden, dem jugendlichen Jan Mayen, der einst Thule, sprich Grönland, in Besitz nehmen sollte, ging nicht mehr die Faszination aus, die zuvor der Nachfahre der Mayaherrscher ausgestrahlt hatte.

Immerhin blieb *Jan Mayen* bis 1939 und Heft Nr. 120 auf dem Markt, und zum Schluß ging auch richtig die »Sonne über Thule« auf. Drei Jahre nach dem Ende des 2. Weltkrieges war *Sun Koh* übrigens wieder da, in der Schweiz und Österreich erschienen die ersten acht Nummern, dann war auch in der Bundesrepublik der *Erbe von Atlantis* wieder erhältlich. Der Braunschweiger Planet Verlag brachte *Sun Koh* 1949 im Oktavformat mit neuen Titelbildern, zuerst einfarbig, später im Vierfarbendruck heraus. Aus dem Autor »Lok Myler« war zwischenzeitlich ein »Freder van Holk« geworden. Die Nachkriegsausgabe stützte sich auf die Zweitauflage der Vorkriegszeit, die damals schon diverse Änderungen über sich hatte ergehen lassen müssen. Der Planet Verlag nebst Autor paßte nun die Heftserie der Demokratie an; alle ideologischen Bezüge sowie chauvinistische Entgleisungen wurden eliminiert, und *Sun Koh* eroberte erneut die Herzen der Leser.

Die Antischundkampagne der fünfziger Jahre machten der Nachkriegsausgabe dann den Garaus, der Verlag stellte die Reihe mit der Nr. 110 (»Die brennenden Tempel«) ein. Zwischen 1958–1961 kamen die Abenteuer des unsterblichen Helden noch einmal in einer 37bändigen Leihbuchausgabe heraus. P. A. Müller hatte für den Borgsmüller Verlag in Münster aus den zehn Büchern der dreißiger Jahre siebenunddreißig gemacht – eine erstaunliche Leistung. Um die Sache zu strecken, hatte der Autor auch noch Abenteuer seiner Heftserien *Jan Mayen* und *Rah Norton* mit in den Text hineingeschmuggelt.

Auf die Leihbuchausgabe des Borgsmüller Verlages folgte schließlich die *Sun Koh*-Taschenbuchausgabe des Pabel Verlages, die zwischen 1978 und 1981 herausgegeben wurde.

Auch *Jan Mayen* versuchte nach dem Zusammenbruch noch einmal, Thule zu erobern, dem Atomzeitalter angepaßt nannte sich die Serie nun *Jan Mayen. Der Herr der Atomkraft.*

Aber in diesen frühen Nachkriegsjahren (1949/50) hatte man wohl mit der Atomkraft nicht so viel im Sinn – und so streckte der Verlag nach lumpigen zehn Heften schon die Waffen.

Die erste originäre SF-Serie der Nachkriegszeit war dann *Jim Parkers Abenteuer im Weltraum*, die im Rahmen der Utopia-Zukunftsromane im Pabel Verlag, Rastatt, herauskam. Von 1953–1957 begleiteten die SF-Leser diese Serie begeistert, bis zur Nr. 43 beherrschte der Held das Feld allein, dann schob der Verlag mehr und mehr Übersetzungen anglo-amerikanischer Titel ein. Mit Jim Parker entstand kein milchstraßenumfassendes Imperium wie bei Perry Rhodan, dafür war es damals zu früh; die Käufer hätten derartige Ausflüge ihren Autoren nicht abgenommen. Nein – die Eroberung des Weltalls begann für Jim Parker auf der Erde und im erdnahen Raum und endete schließlich durchaus folgerichtig im eigenen Sonnensystem (Nr. 83, »Sonnenreich der Zukunft«, erschienen 1957).

Erich Pabel beschrieb 1957 in der SF-Zeitschrift *Andromeda*, wie problematisch der Start der offiziell *Utopia Zukunftsromane* genannten Serie war: »Der Abstand zum Kriegsende war noch zu gering, breite Schichten der Bevölkerung lehnten jedes Schrifttum ab, das sich mit etwaigen Errungenschaften der Technik auseinandersetzte. Meine Bedenken erwiesen sich als stichhaltig, lange Zeit waren die *Utopia Zukunftsromane* ein reines Zuschußobjekt und heißumstritten in allen Verlagsbesprechungen. Anfänglich gingen auch nur spärlich positive Urteile der Leser ein.«

War Erich Pabel der Pionier der SF-Literatur in Deutschland, so war Walter Ernsting der Gründer des deutschen SF-Fandom. Ernsting, ein Idealist, stieß 1954 zum Pabel Verlag und baute zusammen mit Kurt Bernhardt die Serien *Utopia Großband* und *Utopia Magazin* auf. Ab 1957 war er zeitweiliger Chefredakteur aller vier SF-Reihen des Pabel Verlages.

Auch über das Risiko der Herausgabe einer zweiten SF-Reihe liegen Aussagen des Verlegers vor, er schrieb dazu: »Die Herausgabe einer weiteren SF-Reihe mit größerem Umfang und zum Preis von 1,– DM schien verlegerisch ein noch größeres Risiko. Aber diese Reihe mußte kommen, da die Kleinbände mit ihrem beschränkten Umfang nicht ausreichten, um Übersetzungen ausländischer Autoren zu veröffentlichen. Doch genau von diesen Veröffentlichungen versprach sich der Verlag die endgültige Verankerung des SF-Gedankens in Deutschland!«

Der Pabel Verlag fungierte auch als Herausgeber des ersten deutschen SF-Magazins. Mit Walter Ernsting als verantwortlichem Redakteur erschien 1955 der *Utopia-Sonderband* (ab Nr. 3 in *Utopia Magazin* umgetauft). Der Verleger sagte im Rückblick auf dieses Wagnis: »Im Dezember erschien der *Utopia Sonderband 1* als Beginn des *Utopia-Magazins* im deutschen Zeitschriftenhandel. Dieses SF-Magazin ist kein Erwerbsobjekt und wird auch niemals zu einem solchen werden. Ihnen, meine lieben SF-Freunde, brauche ich nichts über den Inhalt und Ausstattung des Magazins zu sagen, denn Sie kennen es alle und wissen, welche hervorragenden Artikel, Kurzgeschichten und Bilder hier zur Veröffentlichung kommen. Ganz besonders befriedigt wohl, daß dieses Magazin im Mutterland der SF beachtliches Aufsehen erregte und daß von dort Zuschriften an den Verlag gelangen, die das *Utopia-Magazin* als eines der besten der Welt bezeichnen.« Als das Utopia-Magazin im Jahre 1959 schließlich eingestellt wurde, war das Eis gebrochen. Der Moewig Verlag brachte nun das SF-Magazin *Galaxis-Geschichten aus der Welt von Morgen* heraus. Dieses SF-Magazin im handlichen Kleinformat stellt eine Verbesserung gegenüber dem *Utopia-Magazin* dar. Im Rahmen dieses Magazins erschien das Beste, was es bis dahin an SF-Stories gegeben hatte. Bis Ende 1959 kamen in München fünfzehn Ausgaben heraus, dann verunglückte der Herausgeber tödlich, und das Magazin, das nur durch ihn gelebt hatte, starb mit ihm.

Doch es gab noch weitere Heftverleger, die inzwischen das Gras wachsen hörten und glaubten, daß die SF im Kommen sei. In Hannover gab es ein Unternehmen, das sich vor allen Dingen mit der Herausgabe von Comic-Heften beschäftigte – den Lehning Verlag. Dort startete man 1957 die *Luna Utopia-Romane*, in denen der sparsame Verleger nur Nachdrucke ehemaliger Leihbücher veröffentlichte, die rigoros auf die notwendige Seitenzahl zusammengestrichen wurden. Erst in der Spätphase erschienen auch ein paar extra für die Serie geschriebene Manuskripte. Ab der Nr. 29 taufte man die Serie in *Luna Weltall* um, bei deren Autoren es sich fast ausschließlich um deutsche Schriftsteller handelte. Dem Lehning Verlag folgte als Herausgeber einer SF-Heftreihe ein Jahr später der Moewig Verlag. Walter Ernsting und der Lektor G. Schelkowat traten vom Pabel Verlag zum Moewig Verlag über. Mit »Nichts rettet die Erde mehr« starteten sie eine neue Reihe, die zuerst *Terra Utopischer Roman* genannt und später in

Terra Kleinband umgetauft wurde. Walter Ernsting hielt nun dort in seiner Leserecke Kontakt zu den Fans, und Johnny Bruck zeichnete auch für Moewig seine typischen Weltraumszenen mit aalglatten, rundlichen Raketen und wild um sich ballernden Terranern!

Zwischen den beiden konkurrierenden Verlagen Pabel und Moewig gab es Spannungen, die für Außenstehende manchmal nur an Insider-Jokes erkennbar waren. So veröffentlichte z. B. der Pabel Verlag einen *Utopia-Band* mit dem provozierenden Titel »Nichts Gutes kam von Terra«. Der Moewig Verlag mit seiner *Terra*-Reihe fühlte sich getroffen, er konterte mit *Utopia stirbt* (*Terraheft* Nr. 49).

Der SF-Boom wurde dann in München durch die Herausgabe der umfangreicheren *Terra-Sonderbände* ab 1958 weiter angeheizt. Hier erschienen nun, wie in den *Utopia Großbänden*, niveauvollere Manuskripte. Die *Terra-Sonderbände* erschienen im ausgefallenen Kleinformat, waren allerdings hervorragend aufgemacht. Dem guten Walter Ernsting wurde die Ehre zuteil, die Serie mit »Attentat auf Sol« aus seiner Feder zu eröffnen.

Das Jahr 1958 war auch das Startjahr zweier SF-Serien im Hamburger Raum. Der dort ansässige Semrau Verlag brachte zwei außergewöhnlich großformatige Heftreihen auf den Markt, die *Abenteuer im Weltraum* und *Der Weltraumfahrer* getauft worden waren. Die Hefte besaßen grauenhafte Titelbilder, und hatten, da sich Unterhaltungsliteratur am Kiosk vornehmlich durch die Cover verkauft, bei der angepeilten Kundschaft keine Chance. Dabei klafften hier Aufmachung und Inhalt weit auseinander, denn die bei Semrau veröffentlichten, relativ schwach gekürzten Arbeiten waren zum großen Teil hervorragende SF-Romane.

Man kann die deutsche SF-Heftgeschichte in drei Phasen einteilen: in die Versuchsphase, die bis zum Erscheinen der Utopia-Zukunftsromane bei Pabel dauerte; in die Stabilisierungsphase, in der einschlägige SF-Serien wie Pilze aus dem Boden schossen; und schließlich in die *Perry-Rhodan*-Phase.

Es war im Jahre 1961, da stand in der Juni-Ausgabe des SF-Buchclub *Transgalaxis*: »Es steht nun endgültig fest, daß am 8. 9. dieses Jahres eine neue Serie erscheinen wird. Es handelt sich um einen Zyklus, der die kosmische Geschichte der Menschheit zum Inhalt hat. Die Handlung beginnt mit dem ersten Mondflug und endet beim galaktischen Bund in fernster Zukunft. Es handelt sich um eine Serie im Aufbaustil der frühen *Sun Koh*-Abenteuer, natürlich auf einer wesentlich phantastischeren Ebene. Eine Serie, die also alle Spannung und technische Tricks enthalten wird, die mit dem Begriff Space opera verbunden sind. Held der Reihe ist Perry Rhodan, der Erbe des Universums.«

Am 8. 9. 1961 startete Perry Rhodan mit einer Auflage von 35 000 Exemplaren im Moewig Verlag, München. Niemand hätte damals daran gedacht, daß sich daraus einmal die größte SF-Reihe der Welt entwickeln würde. Heinz Bingenheimer, der Inhaber des SF-Buchclubs *Transgalaxis*, schrieb zum Start der Serie: »Sie soll, wenn es geht, an die 200 Bände erreichen. Der Held Perry Rhodan wird es aushalten, er ist ja unsterblich, ob es aber die Autoren und die Leser aushalten, ist eine andere Frage. Ich glaube, man hat den Ehrgeiz die 150-Hefte-Serie von Sun Koh zu übertreffen. Ich bin gespannt, wen Perry Rhodan zuerst schafft, den Verlag, die Autoren oder die Leser?«

Die Weltauflage der Serie stieg von 30 Millionen im Jahre 1967 auf 800 Millionen im Jahre 1983, die wöchentliche Auflage betrug 1986 sage und schreibe 700 000 Exemplare. *Perry Rhodan* ist die einzige Heftserie der Welt, die in einer 5. Auflage erscheint, auf dem *Perry-Rhodan*-Con 1986 in Saarbrücken wurden 5000 Fans aus ganz Europa erwartet – Superlative über Superlative! Die Serie erscheint in vielen europäischen und außereuropäischen Ländern, und am 21. 10. 1982 wurde das tausendste Heft der Serie veröffentlicht. Der Heftserie schadete auch die Äußerung des Zukunftsforschers Robert Jungk nicht, der Perry Rhodan griffig als Ersatz-Hitler bezeichnet hatte.

Im Laufe der Zeit wuchsen auch die beiden ehemaligen Konkurrenten Pabel und Moewig zusammen, 1972 wurden die Unternehmen unter dem Dach des H. Bauer Verlages vereint. In der Bundesrepublik wurde inzwischen *Perry Rhodan* fast zu einem Synonym für Science Fiction!

Inzwischen existiert eine umfangreiche Sammlung von Sekundärliteratur über das Phänomen *Perry Rhodan*, es gab eine *Perry Rhodan*-Comicserie, es gibt *Rhodan*-Taschenbücher, *Rhodan*-Hardcoverausgaben, der zeitweilige Gegenspieler *Rhodans*, Atlan, bekam eine eigene Serie, und für Späteinsteiger gibt es die diversen Auflagen, obwohl es schwer vorstellbar ist, wie ein Neuling in dieses Epos noch einsteigen könnte. Das Merchandising der Serie wird im amerikanischen Stil betrieben, es gibt und gab *Perry Rhodan*-Brett- und -Kartenspiele, -Poster, -Modellbögen, -Abzeichen, -Tonkassetten, -Schallplatten, -Plüschtiere, -Windjacken, ja sogar eine eigene Briefmarkenserie des Solaren Imperiums.

Der Erfolg der *Perry-Rhodan*-Serie ließ natürlich die anderen Verleger nicht ruhen. Im Jahre 1962 versuchte es der Pabel Verlag mit einer ähnlichen Serie: *Mark Powers, der Held des Weltalls.* Dreizehn Autoren schrieben ohne Exposé an der Heftreihe mit. Ohne jegliche Koordination mußte ein solcher Versuch jedoch scheitern, was dann auch prompt geschah: In einem Heft hatte man z. B. gerade den Mond erreicht, im folgenden Abenteuer tummelten sich die Helden bereits in unserer Galaxis, um dann im nächsten Heft damit zu beginnen, eine Weltraumstation in der Erdumlaufbahn zu bauen.

Der in Hamburg ansässige Kelter Verlag versuchte es 1966 mit *Ren Dhark – Weg ins Weltall.* Ursprünglich sollte die Reihe sogar *Ron Dhark* heißen, aber das war den Moewig-Leuten dann doch etwas zuviel an Namensähnlichkeit.

Kurt Brand, ein alter SF-Hase, übernahm die Regie, koordinierte die Handlung, und schrieb selbst die Hälfte der Manuskripte, trotzdem konnte *Ren Dhark* dem großen Vorbild nicht das Wasser reichen. So wurde die Serie 1968 eingestellt; 1977 startete man in Hamburg einen erneuten Versuch mit *Ren Dhark*, beendete dieses hoffnungslose Unterfangen jedoch wieder 1981. Da alle guten Dinge Drei sind, erschien *Ren Dhark* 1987 noch einmal am Kiosk. Man muß den Kelter-Leuten immerhin eine gewisse Standfestigkeit zubilligen, aber gegen Rhodans-Omnipotenz ist einfach kein Kraut gewachsen.

Im gleichen Jahr wie Kelter versuchte auch der Bastei Verlag in Bergisch Gladbach, dem übermächtigen Weltraumhelden die Stirn zu bieten: *Rex Corda – Der Retter der Erde* nannte sich diese Kopie des großen Bruders. Die Autoren lehnten sich ganz eng an das Erfolgsrezept Perry Rhodans an, aber eine Kopie bleibt immer eine Kopie, warum sollten die Leser die Kopie kaufen, wenn es das Original ebenfalls am Kiosk gab. So wurde 1967, nach einem Jahr Laufzeit, *Rex Corda* wieder in seinen Hangar zurückbeordert.

Der Bastei Verlag unternahm 1975 einen weiteren Versuch, der Perry Rhodan-Serie eine Alternative entgegenzusetzen. Der Engländer E. C. Tubb und der Amerikaner Lin Carter schrieben: *Commander Scott – Agent der Erde*, aber auch diese Reihe mußte nach einem Jahr eingestellt werden.

Der bis dahin unbekannte Andromeda Verlag in Köln gab 1971 eine Heftreihe mit dem Titel *Raumschiff Promet* heraus. Auch hier war Kurt Brand, der alte Routinier, wieder mit von der Partie. Zuerst waren es Einzelromane, dann nannte sich die Serie *Arn Borul – Von Stern zu Stern* und wurde erst später in *Raumschiff Promet* umbenannt. Die Autoren versuchten, sich den Wünschen der Leser anzupassen, gingen auf deren Vorschläge ein und gestalteten die Reihe möglichst progressiv. So brachte es diese Weltraumserie in der Zeit von 1971 bis 1974 immerhin auf 65 Titel, dann mußte der Verlag aufgrund vertriebstechnischer Schwierigkeiten die Herausgabe einstellen.

Und noch eine zweite, einschlägige SF-Heftserie startete in Köln: Beim Marken Verlag kam 1974 die Reihe *Zeitkugel* heraus, die sich an die amerikanische TV-Serie *Time Tunnel* anlehnte. Zu Beginn eines jeden Abenteuers bekam das Team den Auftrag, z. B. ein bestimmtes geschichtliches Ereignis in der Vergangenheit zu erforschen. So reisten die Helden dann per Zeitmaschine nach Troja, Karthago oder Atlantis. Ab der Nr. 90 wurde die Serie dann in *Erde 2000* umbenannt, danach reisten die Protagonisten nur noch in die Zukunft. Immerhin konnte sich die Heftreihe fünf Jahre lang auf dem Markt halten und es dabei auf 114 Titel bringen.

Der Kelter Verlag brachte schließlich 1976 die SF-Serie *Gemini Science Fiction* heraus, mußte die Reihe jedoch mit der Nr. 47 wieder einstellen.

Das sozialistische Groschenheft

In der DDR konzentriert sich, wie in der Vorkriegszeit, das Verlagswesen auf Berlin, von den ca. fünfzehn Verlagen, die Heftromane herausgeben bzw. herausgegeben haben, waren dreizehn in der alten Reichshauptstadt ansässig. Schon ein Jahr nach Kriegsende brachte der Verlag Volk und Wissen in Berlin die Reihe *Volk und Wissen* heraus. Es waren unscheinbare Hefte mit schlicht gestalteten Titelbildern. Der Verlag teilte dazu mit: »Die Volk und Wissen Sammelbücherei will der deutschen Jugend den Weg ebnen zu den Dichtern und Denkern, die der ganzen Welt gehören – als die ewigen Finder des Friedens und des Fortschritts.«

Man knüpfte also hier an die alten Versuche der Jugendschützer an, sogenannte »gute Jugendliteratur« zu produzieren.

Die Serie war in zwanzig Unterabteilungen eingeteilt, die jeweils für bestimmte Themen zuständig waren. Serie H stand z. B. für »Aus guten Büchern«, Serie C für »Fahrten und Abenteuer«. In der Serie H gab es Auszüge aus Werken der Weltliteratur wie *Gullivers Reisen, Tom Sawyer, Das Flaschenteufelchen* oder *Die Insel der Pinguine.*

In Halle kam 1947 die kleinformatige Serie *Märchen aus aller Welt* auf den Markt, in der hauptsächlich russische Märchen vorgestellt wurden.

Zwei Jahre später erschienen in der sowjetischen Besatzungszone schon drei Groschenheftreihen. Ebenfalls in Halle (Marholds Verlagsbuchhandlung) wurde *Marholds illustrierte Jugendbücherei* herausgegeben. Schlecht aufgemacht war auch die Reihe *Geschichten, die das Leben schrieb* des Ostberliner Phönix Verlages. Für 30 Pfennig bekam man Krimis und Abenteuerstories mit so reißerischen Titeln wie »Gold – Girls – Gangster«, »Sklaven der grünen Hölle«, »Tod auf der Landstraße« oder »Skandal im Sylvan-Park«.

Ebenfalls 1949 startete eine Heftserie, die heute noch in der DDR läuft – *Das neue Abenteuer* aus dem Berliner Verlag Neues Leben.

Die ersten Hefte erschienen zwischen 1949 und 1950, dann trat eine Pause ein, und 1952 lief die Heftreihe wieder an.

Das neue Abenteuer ist wohl die bekannteste und verbreitetste Heftserie der DDR, sie bringt eine bunte Mischung von Themen mit z. T. reißerischen Covern. Besonders gesucht werden die ca. 40 Science Fiction-Titel östlicher Autoren, die im Rahmen dieser Reihe erschienen sind.

Bis 1979 hatten es die neuen Abenteuer auf über 400 Titel bei einer Gesamtauflage von mehr als 25 Millionen Exemplaren gebracht.

Auch auf die utopisch angehauchten Hefte der *Kleinen Jugendreihe* des Kultur und Fortschritt Verlages Berlin wird von den Sammlern Jagd gemacht. Man schrieb das Jahr 1950, als diese Serie zum erstenmal am Kiosk hing. Pro Jahr kamen 24 Hefte heraus, auch hier wurden neben der SF Klassiker der Jugendliteratur ausgeschlachtet sowie tendenziöse Vergangenheitsbewältigung betrieben. Zu den Heftreihen, die sich durchgesetzt hatten, gehörte auch die *Roman Zeitung* des Verlages Volk und Welt in Berlin. Seit 1952 erscheint diese Serie mit einem Umfang von 128 Seiten; bis 1977 brachte es allein diese Reihe auf eine Gesamtauflage von 20 Millionen.

Die Jahre 1954 bis 1956 brachten einen Anstieg der Heftserien mit Abenteuer , Kriminal- und SF-Themen, bis 1956 waren in der DDR schon 16 Reihen veröffentlicht worden. Darunter befanden sich allerdings auch so kurzlebige Serien wie *Unsere Welt, Weite Fahrt, Knabes Abenteuer-Reihe, Berliner Lesebögen* oder *Abenteuer aus aller Welt*.

In den zwanziger und dreißiger Jahren hatte es in Deutschland einige Zirkus-Serien wie *Hans Stosch-Sarrasani, Salto mortale, Der Zirkuskönig Eddy Polo* oder *Hagenbecks Fahrten und Abenteuer* gegeben. Die Hefte über den Zirkus Sarrasani wurden z. B. nach dem Start im Mignon Verlag vom Zirkus-Verlag herausgegeben und als Werbegabe an den Schulen und an die Besucher des Zirkus verteilt.

So etwas Ähnliches versuchte um 1955 in Leipzig noch einmal der Zirkus Aeros. Gründer dieses Unternehmens war der Artist Julius Jäger alias Cliff Aeros, der vor dem Krieg in aller Welt als lebende Kanonenkugel aufgetreten war. Die Hefte seines Zirkus nannten sich *Cliff Aeros – die menschliche Sternschnuppe*; es handelte sich dabei um dünne Exemplare mit 16 Seiten im Oktavformat, pro Nummer waren zwei schwarzweiße Fotoseiten beigeheftet mit zahlreichen Schnappschüssen aus dem abenteuerlichen Leben Cliff Aeros.

Diese Public Relation-Gabe wurde kostenlos an die Besucher ver-

Ein Serienheld aus der DDR,
natürlich im Kampf gegen die Nazis –
Harri Kander, der fliegende Reporter

teilt. Jedem Aeros-Besucher sein Aeros-Buch – so stand es auf dem Backcover der Hefte. An die Sensationslüsternheit der Leser appellierten Titelüberschriften wie: »Ein sterbender Mensch fliegt gen Himmel«, »Die Fahrt mit Krokodilen«, »Sprung durch den Bajonett-Reifen«, »Verschmähte Liebe« oder »Aeros als Stierkämpfer«.

Eine ähnlich spektakuläre Serie, wenn auch auf völlig anderer Ebene, war *Harri Kander der fliegende Reporter* aus dem Verlag für Sport und Technik in Berlin.

Die Handlung spielt während des 2. Weltkrieges in England, Frankreich und den kolonialen Niederlassungen der Großmächte. Die Cover erinnern frappant an Serien der Vorkriegszeit: oben ganz groß – Titel wie »Geheime Waffen« oder »Fracht nach Balungi«, daneben in einem Kreis das Porträt des Helden, am unteren Heftrand *Die Abenteuer des fliegenden Reporters Harri Kander.*

Der Inhalt der Hefte allerdings war linientreu, in der Einleitung zu Heft 7 etwa hieß es: »Die Handlung spielt kurz vor der Invasion von 1944. Harri Kander wird in England festgehalten, sein Freund kann nach Frankreich fliehen, wo er zum kommunistischen Widerstand stößt. Von dem Kampf aufrechter Kommunisten wird in diesem Heft erzählt.«

Das liest sich dann so: »Wie ein scharfes Schwert schneiden die Worte Renés in die Stille, gute deutsche Worte: Es lebe die Kommunistische Partei Deutschlands – es lebe Ernst Thälmann.‹ Feuer.

Die MPis spuckten Feuer und Eisen in die Nacht.

›Obersturmführer Wolf, lassen Sie die Leichen wegbringen.«

Im gleichen, sportlichen Verlag wurde übrigens eine Heftreihe aufgelegt, die sich *Broschürenreihe Technische Abenteuer* nannte, gedruckt im Verlag des Ministeriums für Nationale Verteidigung und herausgegeben mit der Genehmigung des Ministers für Kultur.

Die *Technischen Abenteuer* waren eine Serie, die bei der Jugend gut ankam, sie brachte Abenteuer unserer Zeit, technische Großtaten wie Nonstopflüge oder gar Mondexkursionen. Zum großen Kummer der jungen DDR-Bewohner wurde die Reihe bald wieder eingestellt.

Zu den Outsidern im DDR-Heftgeschehen gehörte schließlich auch *Planet der drei Sonnen* von V. Babula, vier Nummern kamen 1957 in Berlin beim Verlag für Jugend und Technik heraus.

Allein 1956 kamen 116 neue Hefte an die Kioske der DDR. Dieses Aufblühen der Unterhaltungsliteratur wurde von den Funktionären nicht gern gesehen. Im Frühjahr 1956 wurde daher auf einer stürmisch verlaufenen Parteikonferenz beschlossen, dieser Gefahr einen Riegel vorzuschieben. Dem dekadenten Westen sollte gezeigt werden, daß hier nicht nur der bessere Staat, sondern auch die bessere Literatur existierte.

Bessere Lektüre für das Volk, das hieß mehr Ideologie, mehr sozialistisches Gedankengut in den Groschenheften der DDR. Wie sah das Ergebnis aus? Die Hefte lagen wie Blei am Kiosk, das große Sterben setzte ein, bis 1960 war die Zahl der Heftreihen auf fünf und die Titelzahl pro Jahr auf 55 zusammengeschrumpft. In den sechziger Jahren hatte der Staat dann die Unterhaltungsliteratur wieder fest in der Hand. Rein staatliche Stellen traten als Verleger und Herausgeber von billiger Unterhaltungslektüre auf. *Zur Abwehr bereit* lautete etwa ein martialischer Serientitel, stilgerecht wurden diese Hefte im *Verlag der kasernierten Volkspolizei* herausgegeben. Die einzelnen Hefttitel klingen harmlos: »Am Sechserstein« oder »Die Taube des Pfarrers«, es handelte sich hierbei jedoch um massive »Volksaufklärung« im Heftgewand. Z. B. das Heft Nr. 15 »Unter dringendem Verdacht«. Vordergründig handelt die Geschichte von einer Diebstahlsserie, die ein aufmerksamer Knabe aufklären hilft, also um ein richtiges Jugendabenteuer à la *Emil und die Detektive.*

Wenn man so will – es geht jedoch um Buntmetall, das aus einer Ostberliner Fabrik gestohlen wird und in West-Berlin verkauft werden soll. Die Verbrecher sind stets daran zu erkennen, daß sie *Camel* oder *Gold Dollar* rauchen.

Wenn aber schon die kasernierte Volkspolizei Werbung für ihre Arbeit betrieb, dann kann natürlich das Ministerium für Nationale Verteidigung nicht zurückstehen.

Im Verlag des Ministeriums kam *Für Volk und Vaterland* heraus. Die kleinen Hefte mit den bunten Titelbildern schmieden das Eisen der sozialistischen Denkungsart und warnten vor dem Feind im Westen.

Neben dem Verteidigungsministerium gab auch das Innenministrium Heftromane heraus. Die Serien trugen bezeichnenderweise die Titel *Blinklicht* und *Blaulicht.*

Seit den frühen sechziger Jahren wurde die *Blaulicht*-Heftreihe in Berlin fabriziert. In diesen Heften wird die Arbeit der Polizei ins rechte Licht gerückt. Liest man nur die Titel, dann könnten sie auch bei *Jerry Cotton* auftauchen: »Giftspinnen«, »Rotkäppchen auf dem Campingplatz«, »Das tote Mädchen« oder »Einer ist der Mörder«.

Wie sieht sie nun aus, die verdienstvolle Arbeit der Polizei im anderen Teil Deutschlands? »Gesucht wird« lautete der Titel der Nr. 17, es ging dabei um Pelzmänteldiebe, die auf der Flucht einen Grenzsoldaten erschießen. Als das Zimmer eines der Verdächtigen untersucht wird, stellt der Kommissar fest: »Auf einem alten Kleiderschrank und auf den Stühlen lagen stapelweise Westschmöker.« Zum Schluß heißt es denn auch: »Horst und Harry wurden das Opfer der amerikanischen Unkultur.«

Zu den mehr oder weniger erfolgreichen Heftreihen, die in den sechziger Jahren herausgebracht wurden, gehörten auch: *Meridian, KAP, Erzählerreihe* und *Kleine Erzählerreihe.* Im *Deutschen Militär Verlag Berlin* wird seit Anfang der sechziger Jahre die *Erzählerreihe* und ihr billigerer Bruder, die *Kleine Erzählerreihe* verlegt. Es sind beides Heftserien im gebräuchlichen Mittelformat (Oktav), sie unterscheiden sich lediglich durch unterschiedliche Seitenzahl und Preis. Auch in diesen Serien findet man auf den Titelbildern häufig Angehörige der ehemaligen Wehrmacht vor. Ob es nun die Story »Drittes Geschütz – Feuer« (*Erzählreihe* 47), »Ola Varndels letzte Fahrt« (*Erzählreihe* 85) oder »Die hölzerne Schlange« (*Kleine Erzählreihe* 41) ist, der Stahlhelmträger als Zeichen des Bösen ist immer dabei.
Ole Varndels letzte Fahrt z. B. zeigte auf dem Cover einen NS-Offizier, der sich als eine Art Tanzbär produzierte. In der Einleitung zu dieser Erzählung heißt es: »Zwölf Wochen später überfielen die deutschen Faschisten Norwegen und nahmen das Kraftwerk Norsk-Hydro in Besitz. Damit beginnt die hier erzählte Geschichte.«

Die vom Standpunkt der Leser unterhaltsamste Heftreihe war *KAP*, die drei Buchstaben standen für *Kriminal – Abenteuer und Phantastik. KAP* war die einzige vornehmlich abenteuerlich-orientierte Serie der sechziger Jahre in der DDR. Die kleinen, gut handgroßen und lilafarbenen Hefte ersetzten die *Kleine Jugendreihe* des Verlages Kultur und Fortschritt, Berlin, und wurden von 1966 bis 1971 verlegt. In dieser Groschenheftserie erschienen ca. 40 Science-Fiction-Titel, meist Übersetzungen aus den sogenannten Bruderländern. Auf diesem Wege lernten die DDR-Leser erstmals Geschichten utopisch-phantastischen Charakters aus der Sowjetunion kennen. Bis 1976 waren in der DDR insgesamt 150 Heftromane mit SF-Themen erschienen. Die Science Fiction, im östlichen Sprachgebrauch »Wissenschaftliche Phantastik« genannt, erfreut sich in der DDR großer Beliebtheit, man läßt den Konsumenten diese Themen jedoch nur in homöopathischen Dosen zukommen. In den Jahrbüchern *Lichtjahr 2–4* wurde z. B. eine Bibliographie der SF in der DDR 1949–1979 veröffentlicht, und es hieß dazu: »SF = oft auftretende Synonyme für SF sind . . . wissen-

Heldenhafter Widerstand gegen die Nazis
als Dauerthema der Groschenhefte
in der DDR – die *Kleine Erzähler Reihe*

schaftlich-phantastische Literatur, utopische Literatur, Zukunftsroman und Phantastik.«

In den sechziger Jahren hatte das in den DDR-Publikationen noch ganz anders geklungen, etwa: »Gift in bunten Heften. Ein Münchner Zeitungskiosk als Spiegel des westdeutschen Kulturverfalls« oder »Die Mumie im Glassarg. Bemerkungen zur Kriminalliteratur.«

Und in der von dem Literaturwissenschaftler Hainer Plaul verfaßten *Illustrierten Geschichte der Trivialliteratur* heißt es u. a.: ». . . daß die Spannung und Unterhaltung nicht Selbstzweck sind, sondern für die sozialistische Erziehung genutzt werden sollen. Daß in den Romanheften der DDR keine Irrationalismen, keine wissenschafts- und technikfeindlichen Vorstellungen und keine ahumanen Gesinnungen, etwa Faschismen, vorgetragen werden dürfen.«

Und so versucht man krampfhaft, das DDR-Heft vom westlichen Schundroman abzuheben. Um dies zu erreichen, wird Mimikry betrieben – die Hefte erschienen z. T. ohne Serien-Nummer, der Preis wird ganz klein auf dem Backcover versteckt. Um dem Kind einen anderen Namen zu geben, wurde ein wahrer Eiertanz aufgeführt, die periodisch erscheinenden Publikationen wurden u. a. *Broschürenreihe, Sammelbücher* oder *Leserhefte* bzw. *Erzählerreihe* genannt. Die Covergestaltung unterscheidet sich ebenfalls stark vom Titelbild bundesrepublikanischer Provenienz. Grelle Farben oder Fotocover wird man beim DDR-Heft vergeblich suchen, die Titelbilder der DDR-Hefte sind durchweg gezeichnet, aber in unauffälligen Farben gehalten. Titelbildgestaltung, Druck und Papierqualität bleiben dabei durchweg auf niedrigem Niveau.

Generell wurden die Leser der DDR mit Heftserien nicht verwöhnt, bis jetzt sind ca. 26 Reihen erschienen, in der Bundesrepublik gab es z. B. allein bis 1971 schon an die 100 Heftserien. Zusammenfassend kann man sagen, nach dem Zweiten Weltkrieg ließ sich in der Bundesrepublik, der DDR und Österreich ein gewisser Stillstand, was die Thematik und Aufmachung von Serienheften anbelangt, nicht verleugnen. Man knüpfte einfach da an, wo man vor dem Krieg aufgehört hatte. Neue, zündende Ideen fehlten, vieles, was heute publiziert wird, war damals noch tabuisiert.

Alle Abbildungen in diesem Buch
Archiv Heinz J. Galle.

Bibliographie

Heftreihen

- *Die Abenteuer des Zauberers Pimpinello Mystifex. Von H. Hill.* Drei Heinzelmännchen Vlg. Hamburg 1950. Sieben Hefte, alternierend m. Comic-Serie. Michael Track. Oktav. à 32 S. à 30 Pf
- *Abenteuer im Weltraum.* A. Semrau Vlg. Hamburg 1958–1959 Nr. 1–19 (Nr. 13 nicht erschienen). Oktav. à 96 S. à 1,- DM
- *Abenteuer des fliegenden Reporter Harri Kander.* Vlg. Sport u. Technik. Neuenhagen bei Berlin 1958. Nr. 1–14 (?) Doppelnummern. Oktav. à 56 S., A. 70 Pf
- *Abenteuer aus aller Welt. Eine Sammlung spannender Romane.* H. J. Fischer Vlg. Berlin 1940–1941. Nr. 1–70. Groß-Oktav à 64 S., à 25 Pf
- *Allan Pinkerton. Der Meisterdetektiv Amerikas.* Von Frank Astor. Grawa Vlg. Köln/Anker Vlg. Eulenthal 1948–1950. Nr. 1–25. Oktavformat. à 32 S. à 50 Pf
- *Alaska Jim. Ein Held der kanadischen Polizei.* Von Big Ben/F. L. Barwin. Freya Verlag Heidenau 1935–1939. Nr. 1–226. Klein-Oktav. à 48 S. à 15 Pf
- *Alaska Kid.* Vorwärts Verlag Wien 1946–1947. Nr. 1–9. Oktav. à 32 S. 0,50–1,20 S
- *Arca Romane.* Arca Vlg. Hamburg 1948–1949. Nr. 1–11, 13–18, 21, 33, 34, 46, 50, 58. Oktavformat. 48–128 S. 0,50–1,10 DM
- *Aufwärts Jugend Bücherei.* Aufwärts Verlag Berlin 1940–1945. Nr. 1–96. Oktav. à 40 S. à 20 Pf
- *Der Aufwärts-Roman.* M. Klieber Vlg. München/Berlin ca 1948. Nr. 311–345. Oktavformat. 64–80 S. à 50 Pf.
- *Aus dem Reiche der Phantasie. Erzählungen für die reifere Jugend.* Robert Kraft. Münchmeyer Vlg. Dresden 1901. Nr. 1–10. Klein-Oktav. à 32 S. à 10 Pf
- *Babula der Planet der drei Sonnen.* Von V. Babula Vlg. Jugend u. Technik Berlin 1957. Nr. 1–4. Oktav. à 28. S.
- *Backfischstreiche.* Columbia Verlag/Mitteldeutsche Verlagsanstalt Heidenau-Nord 1913–1918. Nr. 1–300. Oktavformat. à 32 später à 24 S. à 10–15 Pf
- *Berühmte Indianerhäuptlinge.* Verlag für Volksliteratur und Kunst Berlin 1906–1909. Nr. 1–180. Oktavformat. à 32 S à 10 Pf
- *Berühmte Indianerhäuptlinge.* Neues Verlagshaus f. Volksliteratur Berlin 1931–1933. Nr. 1–134. Oktavformat. à 32 S. à 20 Pf

• *Berühmte Räuber aller Länder deren Leben und Taten*. Berliner Roman Verlag Berlin 1908. Nr. 1–17. Quartformat. à 32 S. à 20 Pf

• *Berühmte Räuber der Welt*. Dresdner Roman Verlag Dresden 1909. Nr.1–30. Oktavformat. à 48 S. à 10 Pf

• *Bill Cannon, Amerikas berühmtester Kommissar*. Mitteldeutsche Verlagsanstalt Berlin 1908. Nr. 1-21. Quartformat. à 32 S. à 10 Pf

• *Billy Jenkins*. W. Dietsch Vlg. Leipzig 1934–1939. Nr. 1–264 Klein-Oktav. à 96 S. à 30 Pf.

• *Billy Jenkins Abenteuer*. Uta Vlg. Sinzig/Bad Godesberg/Pabel Vlg. Rastatt 1949–1963. Nr. 1–370. Oktavformat. 32, 64, 48 S. 40, 50, 60, 70 Pf

• *Bill Rocky*. Kauka Vlg. München/Pabel Vlg. Rastatt 1950–1954. Nr. 1–108. Klein-Oktav 1–28/Oktav 29–108. 64, 32 S. 50, 40 Pf

• *Black Bird. Der schwarze Vogel von Scotland Yard*. Von Harald West. Freya Vlg. Heidenau 1933–1934. Nr. 1–33. Klein-Oktav. à 64 S. à 20 Pf

• *Blaulicht*. Vlg. d. Ministeriums d. Inneren/später/Vlg. Das Neue Berlin. Berlin 1958 – läuft noch. Nr. 1–z. Z. ca 270. Oktavformat. 32–64 S. 25–45 Pf

• *Ein Blick durchs Schlüsselloch*. Dresdner Roman Verlag Dresden 1903–1904 (?). Nr. 1–50? Oktavformat à 64 S. à 40 Heller/ 20 Kronen

• *Die Blutfahne der Flibustier. Kapitän Franz Drake der Erzpirat*. Dresdner Roman Verlag Dresden 1909. Nr. 1–21 (?). Oktavformat. à 32 S. à 10 Pf

• *Bob Hunter auf Indianerpfaden*. von M. Elling/F. L. Barwin. Freya Vlg. Heidenau 1937–1939. Nr. 1–111. Klein-Oktav. à 48. S. à 15 Pf

• *Bob Hunter*. Von F. L. Barwin/H. Hill, Uta–Vlg. Bad Godesberg/Pabel Vlg. Rastatt 1958–1959. Nr. 1–30. Oktavformat. à 48 S. à 50 Pf

• *Broschürenreihe Technische Abenteuer*. Vlg. Sport u. Technik Neuenhagen bei Berlin 1957. Nr. 1–26 (?). Oktav. à 32 S. à 35 Pf

• *Buffalo Bill*. Eichler Verlag Dresden 1905–1914. Nr. 1–386. Quartformat. à 24 S. à 30 Pf

• *Buffalo Bill*. Kühn Verlag Leipzig 1930–1933. Nr. 1–122. Quartformat. à 24 S. à 30 Pf

• *Buffalo Bill der Mephisto der Prärie* (später – *Der neue Buffalo Bill*) Volksbücherei Verlag Goslar 1949–1951. Bis Doppelnummer 9/10 Sedezformat. à 64 S. dann Klein-Oktav Nr. 11–65 à 32 S. à 40 Pf

• *Buffalo Bill der Held des Wilden Westens*. Olms Verlag Hildesheim. 20 Hefte in einem Band. Ol. 480 S. 19,80 DM.

• *Bund der 8*. Diamant Verlag Hannover-Berlin 1952. Nr. 1–5. Oktavformat. à 32 S. à 40 Pf

• *Claude Duval. Historischer Roman aus der Puritanerzeit*. Von Charlton Lea Eichler Verlag Dresden 1907–1908. Nr. 1–46 Quartformat. à 64 S. à 20 Pf

• *Cliff Aeros*. Eigenverlag. Zirkus Aeros. Leipzig 1955 (?). Oktav Nr 1–?. à 16 S. ohne Preisaufdruck.

• *Commander Scott – Agent der Erde*. Bastei Vlg. Bergisch Gladb.

1975–1976. Nr. 1–42. Oktav. à 66 S. à 1,20
• *Conny Cöll. Der Wunderschütze.* K. Kölbl Kleinbuch Vlg. Augsburg 1951–1952. Nr. 1–20. Oktav. 40, 32 S. 50, 40 Pf.
• *Coyote.* Von H. Mallorqui. Deutscher Kleinbuch Vlg. Hamburg/Fr. Petersen Frankfurt 1949–1955. Nr. 1–74. Oktav. 64–80 S. 1,– DM
• *Detektiv Robby Ix/Robby King.* Von Hain/E. Ney. Freya Vlg. Heidenau 1935–1937. Nr. 1–85. Klein-Oktav. à 64 S. à 20 Pf
• *Detectiv Sherlock Holmes, seine weltberühmten Abenteuer* (ab Nr. 12 *Aus den Geheimakten eines Weltdetektivs*). Verlagshaus für Volksliteratur und Kunst Berlin 1907–1911. Nr. 1–230. Quartformat à 32 S. à 20 Pf
• *Dick Turpin der Beherrscher der Landstraßen Englands, Deutschlands, Frankreichs.* Metropol Verlag Berlin 1908. Nr. 1–36. Quartformat. à 47 S. à 10 Pf
• *Ein Dieb in der Nacht. (Raffles)* Von E. W. Hornung. Engelhorn Verlag Stuttgart 1908. Ol. Klein-Oktav. à 75 Pf
• *Der 30 Pf Roman.* Aufwärts Vlg. Berlin 1936–1944. Nr. 1–314. Oktavformat. 94–96 S. à 30 Pf
• *Deutsche in aller Welt. Packende Schicksale aus der Geschichte der deutschen Kolonisation.* Neuer Buchverlag Dresden 1937. Nr. 1–29 (?). Klein-Oktav. à 48 S. à 25 Pf
• *Deutsche Taten.* Hrsg. Prof. Brunner. Verlag Th. Remmert Dresden 1914–1916. Nr. 1–104. Klein-Oktav. à 32 S. à 10 Pf
• *Die Einbrecher aus Passion. (Raffles)* Von E. W. Hornung. Engelhorn Verlag Stuttgart 1903. Ol. Klein-Oktav. à 75 Pf
• *Erdball Romane.* Mardicke Vlg. Darmstadt/Marken Vlg. Köln 1950 – 1975 (?). Nr. 1–1629. Oktav. à 64 S. 0,50–1,20 DM
• *Erlebnisse deutscher Fremdenlegionäre.* Hrsg. C. L. Panknin. Verlagshaus f. Volksliteratur u. Kunst Berlin 1914–1915. Nr. 1–40. Quartformat. à 32 S. à 20 Pf
• *Erlebnis-Bücherei.* Steiniger Verlag Berlin 1940–1944. Nr. 1–105. Oktav. à 32 S. à 20 Pf
• *Die Erotik der Weltraumschiffahrt.* Hauschting Vlg. Kassel 1949. Oktavformat. à 32 S. à 50 Pf. Nr. 1. Das blonde Baby vom Mars.
• *Erzählerreihe.* Vlg. d. Ministeriums f. nationale Verteidigung (später Deutscher Militärverlag) Berlin 1957–1981. Nr. 1–365 ?. Oktavformat. 32–54 S. à 45 Pf
• *Es war einmal. Eine Sammlung der besten Märchen aus aller Welt..* Hrsg. R. Stecher. Dresdner Jugendschriften-Verlag Dresden/Mitteldeutsche Verlagsanstalt Heidenau 1910–1922. Nr. 1–611. Oktavformat. à 64, 48, 32 S. à 10, 15 Pf
• *Es war einmal. Märchen aus aller Welt.* Freya Verlag Heidenau 1925–1927. Nr. 1–136. Oktavformat. à 20 S. à 20 Pf
• *Es war einmal. Die schönsten Märchen aus aller Welt.* Neues Verlagshaus für Volksliteratur GmbH Bad Pyrmont 1952–1953.

Nr. 1–10. Oktavformat. à 32 S. à 60 Pf

• *Ethel King ein weiblicher Sherlock Holmes*. Dresdner Roman Verlag Dresden 1908–1911. Nr. 1–194. Oktavformat. à 32 S. à 10 Pf

• *Die Fahne hoch*. Die braune Reihe. Neues Verlagshaus für Volksliteratur Berlin 1934. Nr. 1–44. Oktav. à 24 S. à 15 Pf

• *Der Fliegerteufel*. Verlag für moderne Lektüre Berlin 1914. Nr. 1–22. Oktav. à 32 S. à 10 Pf

• *Fliegergeschichten*. Hrsg. Dr. P. Supf. Moewig Vlg. München 1953–1961. Nr. 1–206. Oktav. 48/64 S. 50/60 Pf

• *Florian Geiers Kampf mit den Raubrittern*. Verlag für moderne Lektüre Berlin 1912–1914 Nr. 1–50. Oktavformat à 32 S. à 10 Pf

• *Frank Kenney. Kriminalabenteuer aus unserer Zeit*. Von W. Löbsack. Dreyer/Drei Heinzelmännchen Vlg. Hamburg 1949–50. Nr. 1–47. Oktav. à 64 S. à 50 Pf.

• *Frank (Fred) Faber's Abenteuer*. Von K. Richard. Vaterhaus Vlg. Niedersedlitz 1939–1941. Nr. 1–124. Klein-Oktav. à 64 S. à 20 Pf

• *Frank Allan der Rächer der Enterbten*. Vogel & Vogel/Ostra Vlg. Leipzig 1920–1932. Nr. 1–612 plus 55 Doppelbände. Klein-Oktav. à 48 S. Doppelbände 112–128 S. à 20 Pf, Doppelbd. 50 Pf

• *Frank Allan der geheimnisvolle Rächer*. Diamant Vlg. Hannover 1949–1951. Nr. 1–95 (ab Nr. 83 abwechselnd mit einer WW-Serie) Oktavformat. à 32 S. à 40 Pf

• *Frank Allan. Der Rächer der Enterbten*. Honika Vlg. Ulm 1950. Nr. 1–11. Oktavformat. à 32 S. à 40 Pf

• *Frauen der Liebe. Eine Sammlung äußerst spannender Romane*. Mitteldeutsche Verlagsanstalt (Freya) Heidenau. 1921–1931. Nr 1–146 (?). Klein Oktav. à 128 S. à 70 Pf

• *Fremdenlegionär Brandt*. Von K. Rogge. Danehls Verlag Hamburg 1956. Nr. 1–5. Oktavformat. à 32 S. à 50 Pf.

• *Fred Pinkerton Amerikas Meisterdetektiv*. Rekord Verlag Breslau 1920–22. Nr. 1–138. Klein-Oktavformat. à 24 S. à 50 Pf

• *Fr. Gerstäckers Reise- und Abenteuerromane aus allen Teilen d. Welt*. Vlg. f. Militärgeschichte u. Deutsches Schrifttum Bad Saarow 1942–1943. Nr. 1–10 (?). Oktav. à 32 S. à 20 Pf

• *Das Forum. Der deutsche Kriminalroman*. Hillger Vlg. Berlin 1943–1944. Nr. 1–5. à 80 S. à 30 Pf

• *Für Volk und Vaterland*. Vlg. des Ministeriums für nationale Verteidigung Berlin 1956. Nr. 1 –? Sedezformat. à 62 S. à 30 Pf

• *Galaxis. Geschichten aus der Welt von Morgen*. Hrsg. L. Heinecke A. Moewig Verlag München. 1958–1959. Nr. 1–15. Klein-Oktav. à 128 S. à 1,50 DM.

• *Gekrönte Häupter. Zur Naturgeschichte des Absolutismus*. Baake Verlag Berlin 1895. Nr. 1–25 (?). Sedezformat. à 64 S. à 20 Pf

• *Gemini Science Fiction*. Kelter Verlag Hamburg 1976–1977. Nr. 1–47. Oktav. à 66 S. à 1,20 DM

• *Gerry Thook. Der Meisterdetektiv*. R. Murat. Edition

Scala Wien 1947–51. Nr. 1–37. Klein-Oktav/Oktav. 64/34 S. 60 Gr.–2,20 S

• *Geschichten die das Leben schrieb.* Phönix Vlg. Berlin. 1948–1951. o. Nr. vierzehn Hefte. Format: Sedez/Oktav. 24–32 S. à 30 Pf

• *G-Man Jerry Cotton. Bastei Vlg. Berg. Gladbach 1956 – läuft noch Nr. 1 – üb. 1500 (läuft noch) Oktav. à 64 S. 0,60 – 1,70 DM*

• *Das große Abenteuer.* Hrsg. Öst. Buchclub der Jugend. Wien 1948–1952. Nr. 1–88 (?). Oktav. à 32 S. 0,50–2,50 S

• *Der große Kundschafter.* G. Müller Verlag Berlin 1910–1911. Nr. 1–100. Oktavformat. à 32 S. à 10 Pf

• *Hans Stark der Fliegerteufel.* W. Pinkert Vlg. Berlin. 1914/1919–1920. Nr. 1–30/31–38. Klein-Oktav. à 46/32 S. à 10, 25, 30 Pf

• *Hans Warren's Abenteuer.* Von H. Gordon (alias H. Reinhard) Pinguin Vlg. Berlin/Jupiter Vlg. Traisa/Darmstadt 1949–1950. Nr. 1–66. Oktavformat. à 32 S. à 25/30 Pf.

• *Harald Harst. Aus meinem Leben.* Erzählt v. Max Schraut. Verlag für moderne Lektüre Berlin. 1919–1934. Nr. 1–372. Nr. 1–50 Oktav, 51–372 Klein-Oktav. zw. 32–95 S. à 20 Pf

• *Harry Piel der tollkühne Detektiv. (Die Erlebnisse des Detektiv Harry Piel/Harry Piel der Abenteuerkönig und Verächter des Todes –* wechselnder Serientitel) Speka/Dietsch Verlag Leipzig 1920–1926. Nr. 1–150 + 1–87 wechselnde Formate (Klein-Oktav/Oktav) und Seitenanzahl (32, 24, 80, 64), ohne Preisaufdruck.

• *Harry Taxon und sein Meister.* Verlagshaus für Volksliteratur und Kunst Berlin 1909–1911. Salonausgabe mit blauem Cover. Nr. 1–90. Oktavformat. à 64 S. à 20 Pf

• *Hein Class Fahrten und Abenteuer.* W. Dietsch Vlg. Leipzig 1936–1937. (Nr. 1–80) 1939–1941 (Nr. 81–158) Klein-Oktav. à 64 S. à 20 Pf

• *Hein Class.* W. Dietsch Vlg. Hohegeiß/Harz 1949–1959. Start mit Nr. 16 (Nr. 17–24 nicht erschienen) Nr. 25–33. Ab Nr. 34–36 (Schlußnummer) im Moewig Verlag München. Klein-Oktav/Oktavformat. à 64/32 S. à 40 Pf

• *Heinz Brandt der Fremdenlegionär.* Mignon Verlag Dresden 1913–1921. Nr. 1–332. Oktavformat. à 32 S. à 10 Pf

• *Heinz Brandt der Fremdenlegionär* (ab Nr. 81) Untertitel: *Abenteuer, Leiden und Geheimnis*) Mignon Vlg. Dresden 1913–1916/1918–1921. Nr. 1–332. Oktavformat. à 32 S. à 10 Pf

• *Helden der Luft. Episoden aus Fliegerfahrten und Kämpfen in Feindesland.* Verlagshaus für Volksliteratur u. Kunst Berlin 1914–1915. Nr. 1–75. Oktavformat. à 24. S. à 10 Pf

• *Helden der Nation.* Braune Bibliothek. Von G. Volkmann. Neuer Buchverlag Dresden 1933–1936. Nr. 1–80. Klein-Oktav. à 64 S. à 20 Pf

• *Henry Gordon. In Indien/in Afrika* (ab Nr. 13) R. Murat. Edition Scala Wien 1949–1950. Nr. 1–16. Klein-Oktav. à 64 S à 1,50 S

• *Horst Kraft der Pfadfinder. Schicksale u. Abenteuer*

*Jungdeutschlands in Urwald, Prärie und an fremder Küste.*Mignon Vgl. Dresden 1913–1916/1919–1921. Nr. 1–313. Oktavformat. à 32. S. à 10 Pf

- *Hurra Soldatenstreiche aus Krieg und Frieden.* (*Durch alle Welt*) H. G. Münchmeyer Vlg. Dresden-Niedersedlitz 1908–1912. Nr. 1–233. Quartformat. à 32 S. à 10 Pf
- *Intime Geschichten.* Berliner Roman Verlag Berlin (Metropol Vlg.). 1906–1909 (?) Nr. 1–215 (?). Oktavformat. à 48 S. à 10 Pf
- *Jack Morlan der Meisterdetektiv.* Von F. Weller. Pinguin Vlg. Berlin/Jupiter Vlg. Traisa bei Darmstadt 1949–1950. Nr. 1–75. à 32 S. à 30 Pf
- *Jack Nelson vom Tric Trac Tric.* Mignon Verlag Dresden 1925–1926. Nr. 1–30. Quartformat. à 16. S. à 25 Pf
- *Jan Mayen.* Von Lok Myler. A. Bergmann Verlag Leipzig 1936–1938. Nr. 1–120. Klein-Oktav. à 48 S. à 20 Pf
- *Jan Mayen. Der Herr der Atomkraft.* Von Freder van Holk. Utopia Verlag Backnang 1949–1950. Nr. 1–10. Oktav. à 36 S. à 50 Pf
- *Jesse James Amerikas größter Abenteurer.* Berliner Roman Verlag Berlin 1906–1907. Nr. 1–28. Quartformat. à 32 S. à 20 Pf
- *John Kill. Der Sklavenjäger.* Melange Vertrieb Wien. cà 1948. Nr. 1–7. Sedezformat. à 48 S. 1–1,20 Schillinge
- *John Klings Abenteuer.* Dietsch Vlg. Leipzig 1926–1939. Insgesamt 564 Titel. (Zuerst unter Weltkriminalbücher erschienen, zus. mit anderen Titeln) Nr. 1–592. Klein-Oktav. à 96 S. à 30 Pf.
- *John Klings Abenteuer.* J. Kling Vlg. Frankfurt (1–10), Deutscher Kleinbuch Vlg. Hamburg (11–30), F. Petersen Vlg. Hamburg ab Nr. 31 1949–1954. Nr. 1–161. Klein-Oktav (1–30/à 64 S.) Oktavformat (ab Nr. 31/à 48 S.) à 50 Pf
- *John Klings – Erinnerungen.* Dietsch Verlag Leipzig. 1931–1939. Klein-Oktav. Nr. 1–214. à 192 S. à 50 Rpf.
- *John Klings Erinnerungen.* Deutscher Kleinbuch Vlg. Hamburg (1–4), F. Petersen Vlg. Hamburg (ab Nr. 5) 1952–1954. Nr. 1–26 Oktavformat. à 80 S. (Nr. 1–5) à 64 S. (6–26) à 1,– DM
- *John Wilson aus dem Geheimbuch des berühmtesten amerikanischen Detektivs.* Dresdner Roman Verlag Dresden 1908. nr. 1–56. Quartformat. a 34 S. à 20 Pf
- *Jörn Farrow's U-Boot-Abenteuer.* Von Hans Warren. Neues Verlagshaus f. Volksliteratur Berlin 1932–1939. Nr. 1–357. Klein-Oktav. à 64. S. à 20 Pf
- *Jörn Farrow's U-Boot-Abenteuer.* H. Warren. Neues Verlagshaus f. Volksliteratur Bad Pyrmont 1951–1960. Nr. 1–241. Klein-Oktav/Oktav. à 64, 40, 48. à 40, 50, 60 Pf
- *Jörn Farrow's U-Boot-Abenteuer.* H. Warren. G. Lentz Verlag München 1978–1980. Nr. 1–4. Taschenbücher à 3 Hefte. à 224 S. à 7,80 DM
- *Der Jugendbund. Wochenschrift für Unterhaltung, Spiel, Sport und Jugendwandern.* Verlag für moderne Lektüre Berlin 1911–1912. Nr. 1–50. Oktavformat. à 64 S. à 20 Pf

• *Jugendpost. Unterhaltungsblatt für Jugend und Familie.* Hrsg. Dr. A. Mohr. Verlag der Jugendpost Grethlein & Co. Berlin 1908–1916. Pro Jahr 52 Nummern. Quartformat. à 32 S. à 10, 15 Pf

• *Jugend-Streiche.* Sonnen Verlag Breslau 1920. Nr. 1 –. Oktavformat. à 24 S. à 20 Pf. + 5 Pf. Teuerungszuschlag

• *Jugendwoche. Der Bund der Sieben.* Verlag für moderne Lektüre Berlin 1909–1911. Nr. 1–100. Oktavformat. à 64 S. à 20 Pf

• *Jungens-Streiche. Rüpeleien, Geheimnisse und Abenteuer unserer Jugend.* Verlag für moderne Lektüre Berlin 1907–1909. Nr. 1–100. Oktavformat. à 32 S. à 10 Pf

• *Jürgen Peters der Schiffsjunge. Mit 15 Jahren um die Welt.* Eichler Verlag Dresden/Mitteldeutsche Verlagsanstalt Mügeln/Freya Verlag Heidenau. 1913–1923. Nr. 1–448. Oktavformat. à 32/24 S. à 10 Pf

• *Kansas Kid. Wild-West Romane.* R. Murat. R. Maurerhardt Vlg. Wien 1949–53/26 Hefte. Oktav. à 32 S. 1,50–2,50 S

• *Kapitän Mors der Luftpirat.* Anker Verlag Eulenthal 1948. Nr. 1–5. Oktav. à 32 S. à 50 Pf

• *Kapitän Stürmer's Fahrten und Abenteuer zu Wasser und zu Lande.* Harry Strong. H. G. Münchmeyer Verlag Dresden-Niedersedlitz 1906–1908. Nr. 1-75. Quartformat. à 32 S. à 20 Pf. ill.

• *KAP. Krimi – Abenteuer – Phantastik.* Vlg. f. Kultur u. Fortschritt Berlin 1966–1971. Nr. 1–114. Klein-Oktav. à 64 S. à 35 Pf

• *Klar zum Gefecht.* Verlagshaus für Volksliteratur u. Kunst Berlin 1909–1910. Nr. 1–24 Oktavformat. à 32 S. à 10 Pf

• *Klaus Störtebecker der gefürchtete Herrscher der Meere.* Verlagshaus f. Volksliteratur u. Kunst Berlin 1908–1909, Nr. 1–60. Oktavformat. à 32 S. à 10 Pf

• *Klaus Störtebecker der gefürchtete Herrscher der Meere.* Vlg. f. Volksliteratur Berlin 1932–1933. Nr. 1–54. Oktavformat. à 32 S. à 20 Pf

• *Klaus Störtebecker. Der kühnste Pirat aller Zeiten.* Jupiter Vlg. Darmstadt 1949. Oktavformat. Nr. 1–8. à 32 S. à 50 Pf

• *Kleine Amüsante Bibliothek.* Dresdner Roman Verlag Dresden 1905. Klein-Oktav. à 32 S. à 10 Pf

• *Kleine Erzählerreihe.* Deutscher Militär Verlag Berlin 1960 – ?. Nr. 1–. Oktav. à 32 S. à 35 Pf

• *Kleine Jugendreihe.* Vlg. für Kultur u. Fortschritt Berlin 1950–1965. Pro Jahr 24 Hefte (bis 1954 o. Nr). Es gab auch Sonderhefte. 64–88 S. à 35 Pf

• *Kleine Kriegshefte.* Eher Verlag Berlin 1941. Nr. 1–14. Oktav. à 32 S. à 10 Pf

• *Kommissar X.* Pabel Vlg. Rastatt 1959 – läuft noch. Nr. 1 – z. Z. über 1500 Nummern. Oktavformat. à 64 S. Preis 0,60–1,70 DM

• *Kolonial-Bücherei.* Steiniger Vlg. Berlin. 1940–1942. Nr. 1–88. Oktavformat. à 32 S. à 20 Pf

• *Konrad Götz der Wandervogel. Vom Handwerksburschen zum Millionär.* Mignon Vlg. Dresden 1913–1916/1918. Nr. 1–216 (?). Oktavformat. à 32 S. à 10 Pf

• *Kriegsbücherei der deutschen Jugend.* Steiniger Vlg. Berlin 1939–1945. Nr. 1–156 plus 14

Sonderdrucke. Oktavformat. à 32 S. à 20 Pf

• *Kriegsfreiwillig. Erlebnisse eines Primaners.* Verlagshaus f. Volksliteratur u. Kunst Berlin 1914–1917. Nr. 1–150. Oktavformat. à 24 S. à 10 Pf

• *Der Kriminalroman der Woche (Kommissar Wiltons Kriminalsensationen).* Hiro Verlag Wien 1949– läuft noch Nr. 1– über Tausend, Oktav. 48–68 S. à 1,50–12,- S

• *Der Kundschafter.* A. Mülbüsch Vlg. Castrop-Rauxel 1950. Nr. 1–10. Oktavformat. à 32 S. à 40 Pf

• *La Salle. Die abenteuerlichen Erlebnisse des großen Abenteurers.* Buch Union Vlg. Frankfurt 1950. Nr. 1–18. Oktavformat. à 32 S. à 40 Pf

• *Der Landser. Die authentischen Erlebnisberichte zur Geschichte des II. Weltkriegs.* Pabel Vlg. Rastatt 1957– läuft. Nr. 1– läuft. Oktav. 64/68 S. 0,50–2,20 DM (Serie z. Z. über Nr. 1500)

• *Lene und Lotte. Lustige Mädchenstreiche.* Verlag für moderne Lektüre Berlin 1922. Nr. 1–12. (?) Klein-Oktav. à 32 S. à 75 Pf (Startpreis)

• *Lord Gressy. Der Gentlemandieb.* R. Murat. R. Mauerhardt Vlg Wien 1950–51. Nr. 1–16. Oktav. à 32 S. 1,50–2,–S

• *Lord Lister genannt Raffles der große Unbekannte.* Von K. Matull. Verlagshaus für Volksliteratur und Kunst Berlin 1908–1910. Nr. 1–110. Quartformat. à 32 S. à 20 Pf

• *Lord Lister genannt Raffles der große Unbekannte.* K. Matull. Verlagshaus für Volksliteratur und Kunst Berlin 1911. Salonausgabe mit schwarzem Cover. Nr. 1–29. Oktavformat. à 64 s. à 20 Pf

• *Lord Lister genannt Raffles der große Unbekannte.* Neues Verlagshaus f. Volksliteratur Berlin 1932–1935. Nr. 1–83. Klein-Oktav. à 62 S. à 20 Pf

• *Lord Percy vom Excentric Club.* Mignon Verlag Dresden 1914–16. Nr. 1–133. Oktavformat. à 32 S. à 10 Pf

• *Lord Stuart der große Abenteurer.* Rekord Vlg. Leipzig 1921–1925 (inflationsbedingte Pause). Nr. 1–75 (?) Klein-Oktavformat. à 32 S. à 15 Pf

• *Lu und Lo, die beiden Rangen.* Mignon Verlag Dresden 1915–1916. Nr. 1– ?. Oktavformat. à 32 S. à 10 Pf (Nr. 36 bekannt)

• *Der Luftpirat und sein lenkbares Luftschiff.* Berliner Druck- u. Verlagsgesellschaft/Vlg. für moderne Lektüre Berlin 1908–1911. Nr. 1–165. Oktav. à 32 S. à 10 Pf

• *Luna Utopia – Roman* (ab Nr. 29 *Luna Weltall*). W. Lehning Verlag Hannover 1956–1960. Nr. 1–57. Oktav. à 66 S. à 60 Pf

• *Die Mädelbücherei.* Verlag Junge Generation Berlin 1940–1942. Nr. 1–58 (?). Oktav. à 32 S. à 20 Pf

• *Männe und Max. Lustige Bubengeschichten.* Von W. Neuschub (W. Kabel) Vlg. f. moderne Lektüre Berlin 1921–1922. Nr. 1–56. à 32 S. Klein-Oktavformat. à 75 Pf, Neuauflage. 1938. Nr. 1–80. Vlg. f. moderne Lektüre Berlin. à 32 S.

• *Manolescu der Fürst der Diebe.* Dietsch Verlag Leipzig 1928. Nr. 1–27. Klein-Oktav. à 92 S. à 30 Pf

• *Märchen aus aller Welt.* Halle 1947–48 (?). Nr 1–15 (?). Klein-Oktav. 60–72 S.

• *Marholds illustrierte Jugendbücher*. Hrsg. W. Fronemann. C. Marhold Verlagsbuchhandlung Halle 1949. Nr. 1–?. Oktav à 36 S.
• *Mit Büchse und Lasso*. Verlagshaus für Volksliteratur und Kunst Berlin 1910–1911. Nr. 1–100. Oktavformat. à 32 S. à 10 Pf
• *Mit fliegenden Fahnen*. Verlagshaus f. Volksliteratur u. Kunst Berlin 1914–1916. Nr. 1–125 (?). Oktavformat. à 24 S. à 10 Pf
• *Nat Pinkerton. Der König der Detectivs*. Dresdner Roman Verlag Dresden 1907–1916. Nr. 1–476. Oktavformat. à 32 S. à 10 Pf
• *Nat Pinkerton. Der König der Detectivs*. In *Quellen zur Trivialliteratur*. Olms Verlag Hildesheim 1974. Zehn Hefte in einem Band. Ol. 384 S. 19,80 DM
• *Das neue Abenteuer*. Hrsg. Freie Öst. Jugend/Globus Vlg. Wien 1949. Nr. 1– 50. Oktav. à 32 S. 0,50–2,50 S
• *Das neue Abenteuer. Spannend erzählt*. Vlg. Neues Leben Berlin 1949–1950. Nr. 1–8. Oktavformat. à 32 S. à 30 Pf
• *Das neue Abenteuer*. Vlg. Neues Leben Berlin 1952– läuft noch. Nr. 1– z. Z. über 500 Nummern. Oktavformat. à 32 S. à 25 Pf
• *Der neue Buffalo*. Mignon Verlag Dresden 1919–1922. Nr. 1–110. Sedezformat. à 32 S. à 20 Pf
• *Der neue Excentric Club. Spannende Sport-Erzählungen*. Mignon Verlag Dresden 1920–1927. Nr. 1–534. Klein-Oktavformat. à 32 S. à 15, 50, 60 usw. Pf
• *Der neue Excentric Club*. Tag Verlag Augsburg 1950. Oktavformat. à 32 S. à 40 Pf. Nr. 1. Percy's Sieg über drei Weltmeister.
• *Der neue Lederstrumpf*. Dresdner Roman Verlag/Th. Remert Vlg/Mitteldeutsche Verlagsanstalt/Freya Vlg. alle Dresden. Hrsg. G. Streicher. 1912–1925. Nr. 1–587. Klein-Oktavformat. à 48 S. später 32 S. à 10 Pf, später 15 Pf usw ...
• *Nick Carter Amerikas größter Detectiv*. Eichler Verlag Dresden 1906–1913. Nr. 1–375. Quartformat. à 32 S. à 20 Pf
• *Nick Carter Amerikas größter Detektiv*. Kühn Verlag Leipzig 1930–1932. Nr. 1–50. Quartformat. à 24 S. à 30 Pf
• *Der neue Nick Carter der Weltdetektiv*. A. Bergmann Verlag Leipzig 1929–1930. Nr. 1–45. Klein-Oktav. à 48 S. à 20 Pf
• *Nick Carter Amerikas größter Detektiv*. Olms Verlag Hildesheim. 25 Hefte in zwei Bänden. Ol. zus. 800 S. à 24,80 DM
• *Norbert Falk. In der Fremdenlegion*. Mignon Verlag Dresden 1931–1933. Nr. 1–105. Klein-Oktavformat. à 64 S. à 20 Pf
• *Olaf K. Abelsen. Abenteuer abseits vom Alltagswege*. Von Max Schraut (alias W. Kabel) Vlg. f. mod. Lektüre Berlin 1929–1933. Nr. 1–50. Klein-Oktav. à 192 S. à 50 Pf
• *Percy Stuart. Der neue Excentric Club*. Olms Verlag Hildesheim. Quellen zur Trivialliteratur. 15 Hefte gebunden 24,80 DM
• *Perry Rhodan. Der Erbe des Universums*. A. Moewig Verlag München 1961– läuft noch. Nr. 1– z. Z. 1300. Oktav. 64–66 S. 70 Pf–2,20 DM
• *Pfadfinder* (1–12), *Sitting Bull* (ab Nr. 13). A. Mühlbusch Vlg.

Castrop-Rauxel/Arndt Vlg. Hagen 1950–1951. Nr. 1–22. Oktavformat. à 32 S. à 40 Pf

• *Phil Morgan der Herr der Welt*. Rekord Vlg. Breslau 1914–1916, 1920–1922. Nr. 1–65/66–149 (?). Sedezformat. à 48, 40, 24 S. à 10, 50, 60, 70 usw. Pf (Inflation)

• *Pinkerton-Serie*. Von W. Hopkins. J. Deubler Verlag Wien 1919–1920. Nr. 1–7. Klein-Oktavformat. 80–200 S. 1,50–2,50 DM

• *Pinkerton Amerikas größter Detektiv*. H. Protz Verlag Berlin 1929. Nr. 1–11. Klein-Oktavformat. à 48 S. à 20 Pf

• *Piraten, Entdecker. Abenteuerliche Schicksale aus allen Zeiten und allen Ländern*. Neuer Buchverlag Dresden 1937–38. Nr. 1–29 (?). Klein-Oktav. à 64 S. à 25 Pf

• *Prinzessin Übermut. Eine Serie lustiger Backfischstreiche*. A. Eichler Verlag/Columbia Verlag, Mitteldeutsche Verlagsanstalt, alle Bezirk Dresden. 1909–1921. Nr. 1–400. Oktavformat. 32 später 24 S. 10–40 Pf

• *Quer durch den indianischen Kontinent*. Von St. Tanner. AWA Vlg. München 1949. Nr. 1–10. Oktavformat. à 32 S. à 50 Pf

• *Im Radio-Club. Aus dem Tagebuch des Ingenieurs West*.Verlagshaus f. Volksliteratur Berlin 1924–1925. Klein-Oktav. à 32 S. à 15 Pf

• *Raumschiff Promet*. Andromeda/Astra Verlag Köln 1972–1974. Nr. 1–65. Oktav à 64 S. à 1,50 DM

• *Ren Dhark – Weg ins Weltall*. M. Kelter Verlag Hamburg 1966–1968. Nr. 1–98. Oktav. à 66 S. à 80 Pf

• *Rex Corda Der Retter der Erde*. Bastei Verlag Bergisch Gladb. 1966–1967. Nr. 1–38. Oktav. à 66 S. à 80 Pf

• *Rinaldo Rinaldini. Die Abenteuer des berühmten Räuberhauptmanns und Don Juan*. G. Lach Buchvertrieb Wiesbaden 1948. Oktavformat. Nr. 1. Rinaldo wird Bandit.

• *Ritterkreuzträger des Heeres*. Aufwärts Verlag Berlin 1942–1943. Oktav. à 40 S. (o. Numerierung)

• *Rolf Torring's Abenteuer*. Von Hans Warren. Neues Verlagshaus für Volksliterautr Berlin 1930–1939. Nr. 1–445. Klein-Oktav. à 64 S. à 20 Pf

• *Rolf Torrings Abenteuer*. Neues Verlagshaus f. Volksliteratur Bad Pyrmont. 1950–1960. Nr. 1–273. Klein-Oktav/Oktavformat. 64, 48, 40 S. 30, 40, 50, 60 Pf

• *Rolf Torring's Abenteuer*. H. Warren. G. Lentz Vlg. München 1978–80. Nr. 1–4. Taschenbücher à 3 Hefte. 224 S. à 7,80 DM (lentz pockets) Nr. 4 nur 2 Hefte/152 S. 4,80 DM

• *Rolf Brand der deutsche Sherlock Holmes*. Sonnen Verlag Breslau 1919–1920. Nr. 1–33 (?). Oktavformat. à 24 S. à 35 Pf

• *Rolf Trenck's Abenteuer*. E. Reisser Verlag Wien 1947–1949. Nr. 1–9. Klein-Oktav à 80 Groschen/2 RM

• *Robert Ramm*. W. Dietsch Vlg. Leipzig. 1949–1950. Zehn Hefte unnumeriert. Klein-Oktav. à 96 S. à 30 Pf

• *Roman Zeitung*. Vlg. Volk und Welt 1949–1977. Nr. 1–450 (?). Es gab auch Sonderhefte. Oktav. à 128 S. à 80 Pf

- *Roosevelts Rauh-Reiter. Erzählungen aus dem Westen Amerikas.* Columbia Verlag Dresden 1911. Nr 1–35. Quartformat. à 32 S. à 20 Pf.
- *Die rote Detektivserie. Mess Mend oder die Yankees in Leningrad.* Neuer Deutscher Verlag Berlin 1924. Nr. 1–4
- *Die Rothaut. Spannende Indianer Abenteuer.* E. Pabel Verlag Rastatt 1959–1965. Nr. 1–72. Oktavformat. à 64 S. à 60 Pf
- *Die schwarze Maske. (Raffles)* E. W. Hornung. Engelhorn Verlag Stuttgart. 1903. Ol. Klein-Oktav. à 75 Pf
- *Schwarzer Pirat.* Von A. Visconti. Deutscher Kleinbuch Vlg./F. Petersen Vlg. Hamburg 1950–1955. Nr. 1–60. Oktavformat. 80/64 S. à 1,- DM
- *Seefahrt in aller Welt.* Anker Hefte. Hrsg. F. O. Busch. Moewig Vlg. München 1954–1959. Nr. 1–95.Oktav. à 32 S. à 50 Pf
- *Sherlock Holmes aus den Geheimakten des Weltdetektivs.* Olms Verlag Hildesheim 1971. 15 Hefte in einem Band. Ol. 480 S. 24,80 DM
- *Sieg Heil.* Hrsg. H. Schäfer. Freya Vlg. Heidenau 1933/34. Klein-Oktav. Nr. 1–60. à 64 S. à 20 Pf
- *Soldatengeschichten* (ab Nr. 131 *Soldaten- und Fliegergeschichten*). Moewig Vlg. München 1957–1964. Nr. 1–202. Oktav. 32/64 S. 50–70 Pf
- *SOS, Schicksale deutscher Schiffe.* Moewig Vlg. München 1953–1960. Nr. 1–200. Oktav. 32/48 S. 50/60 Pf
- *Spannende Geschichten.* C. Bertelsmann Verlag Gütersloh 1935–1941. Nr. 1–126. Oktav. à 32 S. à 20 Pf
- *Spannende Geschichten.* C. Bertelsmann Vlg. Gütersloh 1949–1953. Nr. 1–28. Oktavformat. à 32 S. 40, 50, 60 Pf
- *Sturmvögel. Mit Büchse und Toboggan durch die Arktis.* Von F. L. Barwin. Freya Verlag Heidenau 1939–1941. Nr. 1–81. Klein-Oktav. à 48 S. à 15 Pf
- *Sun Koh der Erbe von Atlantis.* Von Lok Myler. A. Bergmann Verlag Leipzig 1933–1936. Nr. 1–150. Klein-Oktav. à 64 S. à 20 Pf
- *Sun Koh.* Von P. A. Müller/Lok Myler. A. Bergmann Vlg. Leipzig 1937–1939. Buchausgabe. Zehn Bände. 239–247 S. à 3,85 RM
- *Sun Koh der Erbe von Atlantis.* Von Jan Holk. M. Zube Vlg. St. Konrad Österreich 1948. Nr. 1–8. Klein-Oktav/Oktav. 48/32 S. 1,10–2,– Schilling
- *Sun Koh der Erbe von Atlantis.* Von Freder van Holk. Planet Vlg. Braunschweig 1949–1953. Nr. 1–110. Oktav. à 35–54 S. à 50 Pf
- *Sun Koh.* Von Freder van Holk. H. Borgsmüller Vlg. Münster 1958–1961. Buchausgabe. 37 Bände. 249–196 S. à 6,80 DM
- *Sun Koh.* Von Fr. v. Holk. E. Pabel Verlag Rastatt 1978–1981 Taschenbuchausgabe. 37 Bände. à 162 S. à 4,80 DM
- *Tatsachen. Romane und Berichte.* Freya Vlg. Heidenau 1939–1940. Nr. 1–85. Groß-Oktav. à 64 s. à 25 Pf
- *Terra Utopische Romane.* A. Moewig Vlg. München 1957–1968. Nr. 1–555. Oktav. à 64 S. 60–80 Pf

• *Terra Sonderband.* A. Moewig Vlg. München 1958–1965. Nr. 1–99. Oktav. à 96 S. à 1,– DM (ab Nr. 100 als Taschenbuchserie fortgeführt)
• *Texas Jack. Der berühmteste Indianerkämpfer.* Vlg. f. Volksliteratur u. Kunst Berlin 1906–1911. Nr. 1–215. Oktavformat. à 32 S. à 10 Pf
• *Texas Jack der große Kundschafter.* Neus Verlagshaus f. Volksliteratur Berlin. Hrsg. W. Seyffert. 1930–1932. Nr. 1–120. Oktavformat. à 32 S. à 20 Pf
• *Texas Jack. Die gelben Wildwestromane.* Laemmel Verlag Mannheim 1950. Nr. 1–2 (?). Oktavformat. à 32 S. à 50 Pf
• *Tex Bulwer. Abenteuer im Wilden Westen.* Neues Verlagshaus für Volksliteratur Berlin 1936–1938. Nr. 1–80. Klein-Oktav. à 64 S. à 20 Pf
• *Tom Brack der Grenzreiter.* Von Kassi Stone. Pinguin Vlg. Berlin 1949–1952. Nr. 1–90. Oktavformat. à 32 S. à 30/40 Pf
• *Tom Prox. Abenteuer aus dem Wilden Westen.* Utah Vlg. Sinzig/Pabel Rastatt 1950–1962. Nr. 1–314. Oktav. 32, 48, 64 S. 40, 50, 60, 70 Pf
• *Tom Shark der König der Detektive.* Von Pitt Strong (alias E. v. Aspern) Verlagshaus Freya, Heidenau 1928–1939. Nr. 1–553. Klein-Oktav. à 64 S. à 20 Pf
• *Tom Shark.* II. Freya Vlg. Heidenau 1939. Nr. 1–13. Klein-Oktav. à 128 S. à 50 Pf
• *Tom Shark. Der König der Detektive.* Von Pitt Strong. Tag Vlg./Baustein Vlg. Dillingen (1–3), Moewig Vlg. München (ab Nr. 4) 1949–1951. Nr. 1–60. à 32 S. à 30 Pf ab Nr. 4 à 40 Pf
• *Torgo. Der Prinz von Atlantis.* Charles de Clermont. R. Mauerhardt Vlg. Wien. cà 1965. Nr. 1–14. Oktav. à 64 S. à 4,– S
• *Tornister Humor.* Verlag der Lustigen Blätter Berlin 1915. Nr. 1–50 (?). Sedezformat. à 64 S. à 25 Pf (ill.)
• *Um den Erdball. Bibliothek interessanter Reisen und Abenteuer.* Verlag für Volksliteratur und Kunst Berlin 1906–1910. Nr. 1–300. Oktavformat. à 32 S. à 10 Pf
• *Unsere Feldgrauen. Deutscher Soldatengeist vor dem Feind. (Tollkühne Abenteuer u. Erlebnisse)* Mignon Vlg. Dresden 1915–1918. Nr. 1–165. Oktavformat à 32 S. à 10 Pf
• *Unsere Jagdflieger. Ihr Leben und ihre Leistungen in Einzeldarstellungen.* Arens Verlag Berlin 1936–1943. Nr. 1–38 (?). Oktav. à 48–64 S.
• *Unter deutscher Flagge.* Verlagshaus für Volksliteratur u. Kunst Berlin. I. Aufl. 1870/71, II. Aufl. 1910–1917/Nr. 1–240/à 10 Pf à 32 S., III. Aufl. 1933–34/Nr. 1–35/à 20 Pf. Oktavformat
• *Unter schwarzer Flagge. Abenteuer des berühmten Piratenkapitän Morgan.* Verlag für moderne Lektüre Berlin 1906–11. Nr. 1–240. Oktavformat. à 32/40 S. à 10 Pf
• *Unter Fahnen und Standarten. Erzählungen aus den Freiheitskriegen.* Verlagshaus f. Volksliteratur u. Kunst Berlin 1913–1914. Nr. 1–100. Oktavformat. à 32 S. à 10 Pf

• *Utopia (Zukunftsromane)* E. Pabel Verlag Rastatt 1953–1968. Nr. 1–596. Oktav. 48–64 S. 50–80 Pf (Jim Parker-Abenteuer Nr. 1–43, 48, 51, 54, 59, 61, 64, 70–72, 81, 83.)

• *Utopia Großband.* E. Pabel Verlag Rastatt 1954–1963. Nr. 1–204. Oktav 94–98, 80 S. à 1,– DM

• *Utopia Sonderband/Magazin.* E, Pabel Verlag Rastatt 1955–1959. Nr. 1–26. Oktav. 128, 112, 94 S. 1,50, 1,– DM

• *Volk und Wissen.* Sammelbücherei. Vlg. Volk u. Wissen Berlin/Leipzig. 1946–47 (?). Gruppe I. Dichtung und Wahrheit – Serie A–U. Gruppe II. Natur und Wissen. Gruppe III. Technik und Versuch. Hrsg. Prof. Dr. W. Heise. Oktav. à 31 S. à 30 Pf

• *Wanda von Brannburg Deutschlands Meister Detectivin.* Meteor Verlag Dresden 1907–1908. Nr. 1–23. Quartformat. à 32 S. à 20 Pf

• *Der Weltdetektiv.* Verlag für Volksliteratur und Kunst Berlin 1928–1929. Nr. 1–62. Sedezformat. à 64 S. à. 20 Pf

• *Welt-Pirat England.* O. Uhlmann Verlag Berlin 1939–1940/II. Aufl. 1942. Oktav. Nr. 1–21 (?). à 48/40 S. à 30 Pf

• *Der Weltraumfahrer.* A. Semrau Vlg. Hamburg 1958. Nr. 1–8. Oktav à 96 S. à 1,– DM

• *Wild West Bibliothek.* Eichler Verlag Dresden 1906–1907. Nr. 1–40. Quartformat. à 32 S. à 15 Pf

• *Woka-De. Der weiße Häuptling.* F. Sailer Vlg. Wien. 1950. Nr. 1–3. Quart. à 1,50 Sh

• *Wolf Greif.* Von Peter Strunz. Freya Vlg. Heidenau 1939–1941. Nr. 1–63. Klein-Oktav. à 64. S. à 20 Pf

• *Wunder der Zukunft. Roman aus dem dritten Jahrtausend.* Robert Heymann. J. Püttmann Vlg. Leipzig 1909–1910. Nr. 1–4. Oktav. à 96 S. à 1,– Mark

• *Wunderland.* Gemeinschaftsverlag Steyler Verlagsbuchh. Kaldenkirchen/St. Gabriel Wien 1950. Nr. 1– ?. Oktav. à 32 S. à 40–50 Groschen, dann umgewandelt in: *Frische Saat.* Gemeinschaftsverlag Steyler/St. Gabriel. 1955 Nr. 1–115 (?). Oktav. à 32 S. 40–50 Groschen

• *Zack Lederstrumpf-Stories. Old Jefferson der Westmann vom Schlangenfluß.* H. Kayser/G. Schäfer Vlg. Kaiserslautern 1949–1951. Nr. 1–50. Klein-Oktavformat. à 32 S. à 30 Pf

• *Zehn Jahre in der Fremdenlegion.* Von W. Damm. Dresdner Roman Verlag Dresden 1913–1914. Nr. 1–65. Oktavformat. à 32 S. à 10 Pf

• *Zeitkugel* (ab Nr. 90 *Erde 2000*) Marken Verlag Köln 1974–1978. Nr. 1–114. Oktav. à 66 S. à 1,20 DM

• *Zur Abwehr bereit.* Vlg. d. kasernierten Volkspolizei/später/Vlg. d. Ministeriums f. nationale Verteidigung Berlin. 1955–1956. Nr. 1–33. Oktavformat. 44–56 S. à 45 Pf

Sekundärliteratur

- Aley, P.: *Jugendliteratur im Dritten Reich, Schriften zur Buchmarktforschung Nr. 12,* Gütersloh o. J.
- Augustin, S. (Hrsg.): *Abenteuer Magazin,* München 1982–1986
- Augustin S./Mittelstaedt, A. (Hrsg.): *Vom Lederstrumpf zum Winnetou. Autoren und Werke der Volksliteratur,* München 1981
- Breicha, O. (Hrsg.): *Protokolle. Zeitschrift für Literatur und Kunst,* Band 4. Wien/München 1980
- Brunner, K. (Hrsg.): *Die Hochwacht, Monatsschrift zur Wahrung und Pflege deutscher Geisteskultur,* Berlin 1910–1918
- Carpenter, K.: *Von Penny Dreadful zum Comic. Englische Jugendzeitschriften, Hefte und Comics von 1855 bis zur Gegenwart,* Oldenburg 1981
- Carpenter, K./Steinbrink, B.: *Ausbruch und Abenteuer. Deutsche und englische Abenteuerliteratur,* Oldenburg 1984
- Chesterton, G. K.: *Verteidigung des Unsinns, der Demut, des Schundromanes u. a. mißachteter Dinge,* o. O. 1945
- Depken, F.: *Sherlock Holmes, Raffles und ihre Vorbilder. Anglistische Forschungen,* Heft 41, Heidelberg 1914
- Drahn, E.: *Geschichte des deutschen Buch- und Zeitschriftenhandels,* Berlin 1914
- Epstein, H.: *Der Detektivroman der Unterschicht. Die Frank Allan-Serie,* Frankfurt 1930
- Galle, H. J.: *Sun Koh der Erbe von Atlantis,* in *Texte zur Heftromangeschichte,* Band 7, Braunschweig 1983
- Hahn, R./Jeschke, W. u. a.: *Reclams Science Fiction Führer,* Stuttgart 1982

Hundert Jahre Ullstein Verlag, 1877–1977. Berlin 1977

- Hyan, H.: *Sherlock Holmes als Erzieher,* Berlin 1909
- Kelaher, M./Lav, E.: *Die Berliner Jugend und die Kriminalliteratur. Eine Untersuchung auf Grund von Aufsätzen,*Leipzig 1928. Beiheft zur Zeitschrift für angewandte Psychologie
- Kellen, T.: *Der Massenvertrieb der Volksliteratur,* in *Preußische Jahrbücher,* Berlin 1899
- Kiesgen, L.: *Die Lesepost. Die bunten Hefte für die männliche Jugend,* Kevelar 1908
- Nagel, M.: *Science Fiction in Deutschland,* Tübingen 1972

- Nicholls, P.: *The Science Fiction Encyclopedia,* New York 1979
- Ostwald, Th. (Hrsg.): *Magazin für Abenteuer-, Reise- und Unterhaltungsliteratur,* Braunschweig 1973–1986
- Plaul, H.: *Illustrierte Geschichte der Trivialliteratur,* Hildesheim 1984
- Preußisches Ministerium für Volkswohlfahrt (Hrsg.): *Der Kampf gegen Schund- u. Schmutzschriften in Preußen,* Berlin 1931
- Ritter, C.: *Start nach Utopolis. Eine Zukunfts-Nostalgie,* Berlin DDR 1978
- Schmidtke, E.: *Billy Jenkins, Texte zur Heftromangeschichte* Braunschweig 1979
- Schmidtke, W.: *John Kling, Texte zur Heftromangeschichte,* Braunschweig 1978, Band 1
- Schmidtke, W.: *Das phantastische Abenteuer, Texte zur Heftromangeschichte,* Band 3, Braunschweig, o. J.
- Schmidtke, W.: *Manolescu, Texte zur Heftromangeschichte,* Band 5, Braunschweig 1982
- Schultze, E.: *Die Schundliteratur. Ihr Wesen. Ihre Folgen. Ihre Bekämpfung,*Halle 1911
- Seeßlein, G./Kling, B.: *Unterhaltung, Lexikon zur populären Kultur,* Reinbek 1977
- Steinbach, M.: *Vom Kintopp zur Filmkunst. Der Stummfilm 1916–1927,* München 1985
- Steinbrink. B.: *Abenteuerliteratur des 19. Jahrhunderts in Deutschland. Studien zu einer vernachlässigten Gattung,* Dissertation zur Erlangung des Dr. phil. Universität Oldenburg 1908
- Thyssen Stiftung (Hrsg.): *Studien zur Trivialliteratur,* o. O. 1968
- Verein d. Freunde d. Volksliteratur (Hrsg.): *Blätter für Volksliteratur,* Graz 1962–1986
- Wanjek, P.: *Rolf Torring's Abenteuer,* in *Texte zur Heftromangeschichte,* Band 4, Braunschweig o. J.

Kingsley Amis

Geheimakte 007

Die Welt des James Bond

Ullstein Buch 36526

populäre Kultur

Wer ist 007 James Bond? Nach einem Dutzend Romanen und Kurzgeschichten, nach bis heute 15 weltweit außerordentlich erfolgreichen Filmen mit dem Agenten Ihrer Majestät scheint das eine überflüssige Frage. Doch wer weiß schon, daß Bond Martini mit Kornwodka, den Champagner am liebsten rosé und Tee überhaupt nicht trinkt?
Der prominente englische Krimi- und Science-Fiction-Autor Kingsley Amis, Jahrgang 1922, war Professor für Anglistik, bevor er sich ganz der Schriftstellerei zuwandte. 1965 veröffentlichte er seine klassische Analyse der James-Bond-Romane von Ian Fleming: Ein brillantes Standardwerk, das den Mythos des Superagenten ebenso scharfsinnig wie witzig durchleuchtet und den phänomenalen Erfolg des James Bond verstehbar macht.

Howard Phillips Lovecraft

Unheimlicher Horror

Das übernatürliche Grauen in der Literatur

Ullstein Buch 36544

populäre Kultur

»Es gibt nur einen Prüfstein für das wahrhaft Unheimliche: ob im Leser ein tiefes Gefühl der Furcht geweckt wird, ein Gefühl der Berührung mit unbekannten Sphären und Mächten, eine subtile Haltung schaudernden Lauschens, wie wenn man auf das Flattern schwarzer Flügel oder auf das Kratzen von Gestalten und Wesen von außen, vom äußersten Rand des bekannten Universums horchte. Und selbstverständlich: je vollkommener und geschlossener eine Geschichte diese Atmosphäre vermittelt, desto besser ist sie als Kunstwerk in dem gegebenen Genre.«

Howard Phillips Lovecraft